見るポイント
間違って
いませんか!?

決算書の前期比較術

公認会計士
山岡 信一郎 [著]

清文社

はじめに

　あなたは決算書等の前期比較を、どのように行いますか。

　「前期と当期の数字を比較して、著増減している勘定科目等の原因を調べる。」

　ほとんどの方は、このように考えるのではないでしょうか。もちろん、正解です。しかし、実際の仕事の場面で、十分かつ効果的な前期比較は行われているでしょうか。決算書等を前期比較しても、異常な取引が行われていることに気付かなかったり、決算書の誤りを見逃したりしたことはありませんか。多くの方に前期比較という分析方法は理解されているにもかかわらず、どういうわけか、十分な分析や効果的な分析がなされていないことがどうも多いようです。

　前期比較という分析は、あまりにも当たり前すぎて、私が知る限りその方法を詳しく解説した書籍等はないような気がします。決算書の読み方や経営分析の本では、前期比較の話は取り上げられていますが、数ページ触れられている程度です（拙著「おかしな数字をパッと見抜く会計術」でも、前期比較を取り上げていますが、数ページほどしか説明していません。）。それだけ、説明するほどでもない当たり前の見方である、ともいえます。しかし、この「当たり前の見方」こそ、実は理解されているようで、十分に理解されていない分析方法とはいえないでしょうか。

　ある会社で、会計監査上、決算説明を受けることがありました。前期と比較し当期の決算がどのように変化したかについて、重要なポイントを解説していただいたのですが、売上高が減少した背景や営業利益・経常利益が減少した理由については説明がありましたが、売掛金が増加した理由については言及されませんでした。「もしかしたら、あまり触れたくない背景があるのだろうか。」と思いつつも、売掛金の増加理由について質問したところ、「調べていませんでした。ちょっと確認します。」との回答でした。

　似たような場面に何度か遭遇するにつれ、「もしかしたら、貸借対照表と損益計算書を別々に前期比較しているのではないか？」と感じるようになりま

した。他にも利益率が変動するはずの背景があるにもかかわらず、変動していないことについての説明がなかったり、流動資産であるにもかかわらず、1年超も精算されない未収入金や仮払金の存在について確認がなされていなかったり、ということもありました。普通に前期比較が行われていれば、必ず気付くであろうと思われる事項に、気付かれていないケースが意外に多いことを思い知らされたわけです。

　こうした問題意識から、「当たり前の見方」がされていると思われている「前期比較の方法」を、今更ながら取り上げてみることも意義があるのではないかと思い、本書が生まれました。その内容は、まさに「当たり前の見方」です。しかし、同じ景色を見ても感じることが人それぞれで違うように、同じ数字を見ても気付く人と気付かない人が出てくるのは、「当たり前の見方」の違いにあるのではないかと考えます。

　本書は「当たり前の見方」と思われる前期比較の基本を、できるだけ理解しやすく書きましたが、実際には、対象となる会社の決算の状況に応じて、重点項目を抽出し柔軟に対処して分析する必要があるのは言うまでもありません。私も、仕事上、決算書の前期比較を行う機会は多いですが、公認会計士であることもあり、経営分析の側面よりも虚偽記載有無の側面を重視した内容になっていることは否定しません。分析者によっては、様々な前期比較の方法があることも承知しておりますが、本書を通じて、その基本を学んでいただければ、筆者としてこの上ない喜びです。
　最後に、発行にあたり、清文社の藤本優子氏にはさまざまなアドバイス等をいただきました。深く御礼申し上げます。

2018年8月

㈱ヴェリタス・アカウンティング代表取締役

公認会計士　山岡　信一郎

CONTENTS

第1章 決算書分析の基本は前期比較

Ⅰ 決算書を分析する目的とは 3

　❶決算書を分析する2つの目的 3

　❷決算書分析の基本は前期比較 4

Ⅱ 前期比較の実施方法 6

　❶前期比較とは 6

　❷前期比較のポイント 7

　❸前期比較を実施する上での留意点 10

第2章 前期比較をする前提としてのチェックすべきこと

Ⅰ 事前に必ず確認しなければならない事項 17

　❶事前確認の重要性 17

　❷貸借対照表、損益計算書、キャッシュ・フロー計算書の
　　整合性確認の重要性 18

　❸簡単な事例を用いた、3つの財務諸表の相互関係の確認 20

Ⅱ 貸借対照表、損益計算書、キャッシュ・フロー計算書の整合性確認 24

　❶簡単に確認できる整合性 24

　❷貸借対照表と損益計算書の整合性 24

　❸貸借対照表とキャッシュ・フロー計算書の整合性 27

　❹損益計算書とキャッシュ・フロー計算書の整合性 28

第3章　決算書を俯瞰する

I　貸借対照表をまず俯瞰する …………………………………………………… 31

❶なぜ貸借対照表から読むのか 31

❷俯瞰の手順（第1ステップ） 33

❸俯瞰の手順（第2ステップ） 35

❹俯瞰の手順（第3ステップ） 37

II　損益計算書を俯瞰する ………………………………………………………… 38

❶段階利益に着目する 38

❷段階利益を「下から」読む 39

❸段階利益の動きに注視する 40

❹利益率を前期比較する 42

III　キャッシュ・フロー計算書を俯瞰する ……………………………………… 44

❶キャッシュの変動に着目する 44

❷活動区分に着目する 45

❸活動区分別のキャッシュ・フローの変動に着目する 47

第4章　営業活動に関する前期比較の方法①
－売上債権、仕入債務、売上高、仕入高－

I　活動区分を意識した前期比較 ………………………………………………… 55

❶決算書を俯瞰したあと実施すべき事項 55

❷貸借対照表と損益計算書も活動区分を意識して読む 55

II　営業活動に関する貸借対照表項目の前期比較 …………………………… 57

❶営業活動に関連する勘定科目 57

❷売上債権・仕入債務の増減 58

❸棚卸資産の増減 59

Ⅲ 営業活動に関する損益計算書項目の前期比較 …………………………… 61

❶売上高と売上原価の増減 61

❷売上総利益率が変動する原因（正常な原因例）62

❸売上総利益率が変動する原因（異常な原因例）67

Ⅳ ボックス図を使った営業活動に関連する勘定科目の整理 ………………… 76

❶売上債権と仕入債務、売上高と売上原価 76

❷原価計算が行われている場合の棚卸資産勘定 80

Ⅴ 非常に有効な回転期間分析 ……………………………………………… 82

❶貸借対照表項目と損益計算書項目の関係を分析する 82

❷回転期間算定式 83

❸売上債権回転期間と決済条件 84

❹仕入債務回転期間と決済条件 85

❺棚卸資産回転期間と保有期間 85

Ⅵ 回転期間の変動原因 ……………………………………………………… 88

❶売上債権回転期間の変動原因 88

❷仕入債務回転期間の変動原因 93

❸棚卸資産回転期間の変動原因 95

第5章 営業活動に関する前期比較の方法②
－その他流動資産・負債、販売費及び一般管理費－

Ⅰ 販売費及び一般管理費に関連する貸借対照表項目の前期比較 ……………… 101

❶未払金、未払費用、預り金、賞与引当金 101

❷従業員数の増減 102

Ⅱ 販売費及び一般管理費と売上高の関係と前期比較 ································ 105

  ❶変動費と固定費 105

  ❷営業利益率の変動 108

Ⅲ 税金費用に関連する貸借対照表項目の前期比較 ································ 110

  ❶税金費用に関連する貸借対照表 110

  ❷未払法人税等の変動 111

  ❸繰延税金資産及び繰延税金負債の変動 113

Ⅳ 税金費用に関連する損益計算書項目の前期比較 ································ 116

  ❶税金費用と法定実効税率 116

  ❷税率差異分析と前期比較 117

第6章 投資活動に関する前期比較の方法①

－有形・無形固定資産、減価償却費－

Ⅰ 投資活動に関する貸借対照表項目の前期比較 ································ 123

  ❶投資活動に関連する勘定科目 123

  ❷有形・無形固定資産の増減 124

  ❸建設仮勘定、ソフトウェア仮勘定の増減 126

Ⅱ 投資活動に関する損益計算書項目の前期比較 ································ 128

  ❶減価償却費の増減 128

  ❷定額法を前提とした前期比較 130

  ❸定率法を前提とした前期比較 131

  ❹有形・無形固定資産の前期比較と減価償却費 132

Ⅲ 償却率を使った前期比較 ································ 136

  ❶期中増減があった場合の前期比較 136

  ❷期中増減があった場合の減価償却費 136

❸償却率を使った前期比較 139

❹償却率が変動する原因（正常な原因例）140

❺償却率が変動する原因（異常な原因例）144

第7章 投資活動に関する前期比較の方法②
－(投資)有価証券、貸付金、受取利息、有価証券利息、受取配当金－

Ⅰ 投資活動に関する貸借対照表項目の前期比較 ··· 151

❶投資活動の中の金融商品関係 151

❷（投資）有価証券の増減 152

❸貸付金の増減 157

❹流動項目と固定項目 158

Ⅱ 投資活動に関する損益計算書項目の前期比較 ··· 159

❶有価証券利息、受取利息の増減 159

❷受取配当金の増減 160

❸有価証券（債券）・貸付金の前期比較と有価証券利息・受取利息 160

❹貸倒引当金と貸倒引当金繰入額の増減 163

第8章 財務活動に関する前期比較の方法
－借入金、社債、資本金、支払利息、社債利息、支払配当金－

Ⅰ 財務活動に関する貸借対照表項目の前期比較 ··· 169

❶財務活動に関連する勘定科目 169

❷借入金・社債の増減 170

❸流動項目と固定項目 171

❹資本金の増減① 173

❺資本金の増減② 174

❻注意すべき資本金の増加 174

❼支払配当金と利益剰余金の減少 176

Ⅱ 財務活動に関する損益計算書項目の前期比較 …………………………… 177

❶支払利息、社債利息の増減 177

❷注意すべき損益計算書項目の増減 177

第9章 実際の財務諸表を使ったケーススタディ

Ⅰ X社の財務諸表の前期比較 ……………………………………………………… 183

❶X社の財務諸表 183

❷3つの財務諸表の整合性 188

Ⅱ X社の貸借対照表の前期比較 ………………………………………………… 190

❶貸借対照表を俯瞰する① 190

❷貸借対照表を俯瞰する② 191

❸貸借対照表を俯瞰する③ 192

Ⅲ X社の損益計算書の前期比較 ………………………………………………… 194

❶損益計算書を俯瞰する① 194

❷損益計算書を俯瞰する② 196

Ⅳ X社のキャッシュ・フロー計算書の前期比較 ……………………………… 197

❶キャッシュ・フロー計算書を俯瞰する 197

❷営業CFと営業利益 198

Ⅴ X社の営業活動の前期比較 …………………………………………………… 200

❶営業活動を中心とした前期比較 200

❷ボックス図を使った仕掛品勘定分析 201

❸回転期間分析 202

❹販売費及び一般管理費 203

❺税金費用関係（法人税等負担率）204

❻税金費用関係（法人税、住民税及び事業税）205

❼税金費用関係（法人税等調整額）206

Ⅵ　Ｘ社の投資活動の前期比較 ··· 207

❶有形・無形固定資産の前期比較 207

❷貸付金の前期比較 208

Ⅶ　Ｘ社の財務活動の前期比較 ··· 209

❶借入金・社債の前期比較 209

Ⅷ　Ｘ社の財務諸表を前期比較して明らかになったこと ································· 211

❶もっとも注意すべき点 211

❷より深い前期比較を 212

※本書は、平成30年4月1日現在の法令等に基づいています。

第1章

決算書分析の基本は前期比較

I

決算書を分析する目的とは

1 決算書を分析する2つの目的

　決算書をなぜ分析するかといえば、その会社が財政状態や経営成績、さらに資金繰りといった情報を把握するためです。しかし、こうした情報が得られる条件としては、「決算書が正しく作成されていること」が必要です。

　もし、決算書が正しく作成されていなかったとすれば、その分析をどんなに詳細に行っても、会社の正確な情報を得られることはないでしょう。つまり、決算書を分析するといった場合、「決算書が正しく作成された前提で分析し、会社がどのような財務状況にあるかを知る」ことと、「決算書が正しく作成されているかを検証する」ことは分けて考えておく必要があるということです。

決算書分析の2つの目的
① 会社がどのような財務状況にあるかを知る（企業業績評価目的）
② 決算書が正しく作成されているかを検証する（決算書検証目的）

3

第1章 決算書分析の基本は前期比較

　1つ目の目的では、誰が決算書を分析にするかによって、さらに目的が細分化されます。経営者によっては、経営判断に活かすという目的で決算書は分析されますが、投資家にとっては、投資先企業の将来性を判断するために分析することが通常でしょう。また、金融機関にとっては、融資先企業の返済能力の有無を判断することに主眼を置いた分析がなされるのではないでしょうか。

　2つ目の目的では、経理部員、内部監査人、監査役、会計監査人、税務署、金融機関などの方が、決算書に誤りがないかどうかを意識して分析することになります。この目的でも、誰が決算書を分析するかによって、目的が細分化されます。なぜなら、「誤りがあったら困るところ」が、それぞれの分析者によって異なるからです。

2　決算書分析の基本は前期比較

　決算書の分析目的が異なると、当然に分析手法も変わってくることになり、決算書上の重視する勘定科目や財務指標が異なってきます。財務分析の教科書では、収益性分析、効率性分析、安全性分析、成長性分析、キャッシュ・フロー分析、セグメント分析といった分析から、統計学を利用した高度な分析まで様々ありますが、決算書分析の基本は前期比較です。なぜなら、前期比較はもっとも容易な分析方法であり、あらゆる目的にそった効果的な分析だからです。

4

【参考】主な財務指標

分類	使用する決算書	主な指標
収益性指標	損益計算書	売上高総利益率、売上高営業利益率、売上高経常利益率、売上高当期純利益率、損益分岐点、安全余裕率　等
	貸借対照表＋損益計算書	ROA（総資産利益率）、ROE（自己資本利益率）
効率性指標	貸借対照表＋損益計算書	総資本回転率、売上債権回転期間、仕入債務回転期間、棚卸資産回転期間、固定資産回転率
安全性指標	貸借対照表	流動比率、当座比率、固定比率、固定長期適合率、自己資本比率
成長性指標	損益計算書	売上高伸び率、経常利益伸び率
	貸借対照表	総資産伸び率

　本書では、特に２つ目の目的である「決算書が正しく作成されているかを検証する」ことに主眼を置いて解説していきます。

前期比較の実施方法

1 前期比較とは

　前期比較は、「前期と当期の決算書を比較する」という方法です。
　「決算書が正しく作成されているかを検証する」ことを目的とする場合、前期比較を行うにあたっては、「決算書のどの勘定科目に『おかしな数字』が紛れ込むリスクが高いか」を意識することが最も重要です。そして、着目すべき勘定科目が定まったら、より詳細な情報（たとえば該当する勘定科目の内訳明細など）を見て、その前期比較を行うことになります。つまり前期比較は、決算書全体を俯瞰して勘定科目の内訳明細に徐々に入り込んで分析していくという、「森から木へ」という読み方が重要ということです。

「森から木」の見方
貸借対照表の場合
森：「資産の部」「負債の部」「純資産の部」

「流動資産」「固定資産」……

林：「現金預金」「売掛金」「棚卸資産」……

（ここまでは決算書レベル）

↓

林：「現金」「預金」……

（試算表レベル）

↓

「本社現金」「営業所現金」……

（内訳明細レベル）

↓

木：「金種表」

（管理資料レベル）

※最終的な「木」とは、個々の取引レベルということになります。

❷ 前期比較のポイント

では、前期比較の実施方法のポイントをあげてみましょう。

① 著増減した勘定科目に着目する

② 変化しない勘定科目に着目する

③ 関係する勘定科目間の動きに着目する

④ 財務指標の動きに着目する

① 著増減した勘定科目に着目する

決算書を勘定科目別に著増減に着目して、増減理由を確認します。その際、著増減とは何かという問題がありますが、絶対値や増減率で判断するのが一般的です。さらに、絶対値でいくらの変動があれば著増減というのか、何ポイント以上の増減率の変動を著増減というのか、についても問題となりますが、これは分析対象となる企業が有する固有の特性もありますので、一律に基準は決められません。過年度の数値変動や同業他社の数値と比較して、基準を決めて分析する必要があります。

② 変化しない勘定科目に着目する

著増減に着目する見方と矛盾するかもしれませんが、前期比較においては、「変化すべき勘定科目に変化がない場合」にも注意しなければなりません。

たとえば、「前期と比べ当期は資金繰りが厳しい」という情報が事前に入手されていたにもかかわらず、決算書を前期比較したら借入金残高に変化がなかったとすれば、なぜ借入金残高に変化がないのか調べる必要があります。もしかすると、借入金残高に誤りがあるかもしれません。

したがって、変化のない勘定科目に着目するためには、事前に分析対象となる企業の情報を、入手しておく必要があるということです。

③ 関係する勘定科目間の動きに着目する

決算書には、貸借対照表、損益計算書、キャッシュ・フロー計算書がありますが、これらの決算書に関係する勘定科目間の動きに着目します。ここでは特に貸借対照表の勘定科目（以下、貸借対照表項目と呼びます。）と損益計算書の勘定科目（以下、損益計算書項目と呼びます。）の動きを

とりあげます。

（ⅰ）　貸借対照表項目間の動き

　　　たとえば、売掛金と買掛金の動きは関連しているはずです。つまり売掛金が増加（売上高が増加）すれば、買掛金も増加（仕入高も増加）するはず、ということです。

（ⅱ）　損益計算書項目間の動き

　　　たとえば、売上高と売上原価、販売費の動きは関連しているはずです。つまり、売上高が増加すれば売上原価も増加し、売上に関連する販売費も増加するはず、ということです。この見方は、原価率、利益率といった財務指標の変動を読むことと同じといえます。

（ⅲ）　貸借対照表項目と損益計算書項目との間の動き

　　　たとえば、借入金と支払利息の動きは関連しているはずです。つまり、借入金が増加すれば、支払利息も増加するはず、ということです。

【参考】貸借対照表項目と損益計算書項目が関連する勘定科目（例）

貸借対照表項目	損益計算書項目
預金	預金利息（受取利息）
有価証券・投資有価証券	有価証券利息、受取配当金 ※国債や地方債、社債などの債券から発生する利息は有価証券利息、株式の配当金から得られる利益は、受取配当金で処理される。
有形・無形固定資産	減価償却費
貸付金	貸付金利息（受取利息）
借入金	借入金利息（支払利息）
引当金	引当金繰入額
繰延税金資産・繰延税金負債	法人税等調整額

第1章　決算書分析の基本は前期比較

　これらの動きを前期比較することで、「おかしな数字」に気付くことができます。もし、売掛金が増加しているのに買掛金が減少していたり、売上高が減少していたりしたら、「なぜだろうか」と疑問に思うはずです。

④　財務指標の動きに着目する

　財務指標についても、勘定科目同様に前期比較します。どの財務指標を前期比較すればよいかについては、決算書分析の目的にも影響されますが、「決算書が正しく作成されているかを検証する」ことを目的とする場合、私がおすすめするのは、利益率と回転期間です。具体的な前期比較方法については、第4章で説明することにします。

コラム　英文略字

　英語では、「前期比」「前年比」を yoy、YoY、YOY、y-o-y、Y-O-Y と略字で表記します。これらは year over year を省略したものです。
　ちなみに、「前月比」は、mom、MoM、MOM、m-o-m、M-O-M（month over month）、「前四半期比」は、qoq、QoQ、QOQ、q-o-q、Q-O-Q（quarter over quarter）と表記します。

❸　前期比較を実施する上での留意点

　前期比較は、比較的容易に実施可能な分析方法ですが、その実施にあたっては見過ごしがちな留意点があります。

① 「前期の数字は正しい」という前提のもと実施される分析であること

　　もし前期の数字が間違っていた場合、誤った数字からどれほど変化したかをいくら分析しても、当然ながら意味を成さないということになります。ただし、当期の数字の正しさが確認できているのであれば、当期を基準として前期を見れば、前期の数値の間違いを発見することは可能です。

② 他の定量的・定性的情報と合わせて分析すること

　　決算書以外の情報も利用しつつ分析することが重要となります。たとえば、従業員数という定量情報は、決算書のデータではありませんが、従業員の増減は人件費のみならず、売上高や売上原価に影響すると考えらます。その他、為替や金利といった経済環境についても、決算書に影響を与えることになりますから、その情報を抑えておくことは大変重要です。

③ 会計方針の変更の有無を把握しておくこと

　　会計方針とは、「財務諸表の作成にあたって採用した会計処理の原則及び手続」をいいます。企業の経済活動に変化がなくても、会計方針が変更されていれば、数値が変化する可能性があるので注意が必要です。

　　たとえば、当期から固定資産の減価償却方法が定率法から定額法に変更された場合、保有する固定資産が変わるわけではないですが、計上される減価償却費が前期とは異なる方法で計算されることになりますので、単純に前期比較すると決算書を読み間違えることになります。

　　もし、前期の数値が、変更後の会計方針に基づいて遡及して修正されているのであれば、そのまま決算書を前期比較すればよいということになります。

第1章　決算書分析の基本は前期比較

　　会計方針の変更は、会社が正当な理由に基づいて行われることもありますが、会計基準自体が変更もしくは新設され、行われることが多いため、新しい会計基準の公表や改定にも注意が必要です。

【参考】会計方針（例）

> 有価証券の評価基準及び評価方法
　　⇒　評価方法として、移動平均法、総平均法　など
> たな卸資産の評価基準及び評価方法
　　⇒　評価方法として、個別法、先入先出法、平均原価法、売価還元原価法　など
> 固定資産の減価償却方法
　　⇒　定額法、定率法、生産高比例法　など
> 繰延資産の処理方法
　　⇒　支出時に全額費用処理、または償却期間にわたって毎期償却
> 外貨建資産、負債の本邦通貨への換算基準
　　⇒　会計基準の定め以外の合理的な換算基準を採用している場合に注記
> 引当金の計上基準
　　⇒　たとえば退職給付引当金における数理計算上の差異の費用処理方法　など

Q1 決算書や決算資料を前期比較する目的は何でしょうか。

A1 大きく2つの目的があると考えられます。

①企業の業績を評価するため

経営者にとっては経営判断に活かすため、投資者にとっては当該会社の将来性を判断するため、金融機関にとっては返済能力の有無を判断するため、などが考えられます。

②決算書や決算資料に「おかしな数字」がないかどうかチェックするため

経理部門、内部監査人、監査役、外部監査人、税務署、金融機関が、決算書や決算資料に不正や誤謬（ミス）がないかどうか調べるため、などが考えられます。

Q2 前期比較をする上でもっとも注意しなければならない点は何でしょうか。

A2 「前期の数値は正しい」という前提のもと、実施される分析であることです。もし、前期の数字が間違っていた場合、前期比較分析は意味を成しません。ただし、「当期の数値は正しい」ということが保証されているならば、前期の数値の間違いを発見することは可能です。

第2章

前期比較をする前提としてのチェックすべきこと

I

事前に必ず確認しなければならない事項

1 事前確認の重要性

　前期比較を行う前に、必ず確認しなければならない事項があります。それは、対象となる決算書は、前期比較を行うに値しない決算書ではない、ということを確認することです。

　たとえば、明らかに信頼性の低い決算書や決算資料を前期比較しても、意味がありません。信頼性の低い決算書とは、誰も承認していない、確認もされていない、合計が合っていない、勘定科目がおかしい、というようなものです。中には、一目で誤っている決算書であることが判明することもあります。特に、貸借対照表、損益計算書、キャッシュ・フロー計算書間の整合性がとられていないような場合は、明らかに決算書が誤っているということになりますので、前期比較は意味をなしません。

　また、決算書に含まれる、不正や誤謬（ミス）が発生するリスクをあらかじめ把握しておくという意味で、決算書の作成手順等に変更がないかという点を確認しておくことも、大変重要です。

第2章　前期比較をする前提としてのチェックすべきこと

【参考】前期比較を行う上で事前に把握すべき情報（例）

☑ 財務諸表の作成手順（含、担当者変更の有無）やシステムは確認しているか
☑ 対象となる財務諸表は責任者承認済みのものか
☑ 過年度から指摘されているような問題点（内部統制上や会計上の問題）については、対応済みとなっているか
☑ 会計基準・法令等の改正について確認しているか
☑ 会計方針の変更の有無について確認しているか
☑ （有価証券報告書の「経理の状況」のように前期数値が併記されている場合）前期数値は遡及修正※されたものかどうか

※遡及修正
　会計方針の変更、表示方法の変更および過去の誤謬の訂正があった場合、過年度の財務諸表を遡及的に修正することをいいます。企業会計基準第24号「会計上の変更及び誤謬の訂正に関する会計基準」参照のこと。

② 貸借対照表、損益計算書、キャッシュ・フロー計算書の整合性確認の重要性

　貸借対照表、損益計算書、キャッシュ・フロー計算書はそれぞれ関連性があり、その整合性のないこれらの財務諸表を前期比較しても、当然意味がありません。

　これらの財務諸表の整合性を前期比較する前に、何を確認するべきかを見ていく前に、どのような関係にあるのかということを、簡単に確認しておきます。

　この3つの財務諸表は、2つの情報を表現しています。その2つの情報とは、ストック（Stock）情報とフロー（Flow）情報です。

18

ストックとは、「一時点」の結果を意味し、その「一時点」とは、「3月31日現在」や「12月31日現在」を意味します。

一方、フローとは、「一定期間」の変化量を意味し、その「一定期間」とは、「1年間」や「半期」などを意味します。

ストックを表現する財務諸表は、「貸借対照表」であり、フローを表現する財務諸表は、「損益計算書」と「キャッシュ・フロー計算書」です。

●ストック（資産・負債・純資産）を表現（「財政状態」を表現）
　➡　**「貸借対照表」**
●フロー（利益）を表現（「経営成績」を表現）
　➡　**「損益計算書」**
●フロー（収支）を表現（「キャッシュ・フロー」を表現）
　➡　**「キャッシュ・フロー計算書」**

つまり、3つの財務諸表は、「3種類の」財務諸表ではなく、「2種類の情報を提供する」財務諸表として捉えるということです。そして、フロー情報には2種類あり、取引を「発生主義」で捉え、「利益」を計算する損益計算書と、取引を「現金主義」で捉え、「収支」を計算するキャッシュ・フロー計算書が存在します。

第2章　前期比較をする前提としてのチェックすべきこと

【参考】発生主義と現金主義

　　現金主義や発生主義とは、「取引をいつ認識するか」という、認識基準については
いての考え方です。

　　現金主義とは、収益を現金および現金同等物の入金時に認識・計上し、費用
を出金時に認識・計上する会計処理の方法をいいます。現金主義は、損益の認
識基準としての考え方を説明するものであり、キャッシュ・フロー計算書の作
成基準として取り上げられるものではありませんが（キャッシュ・フローは現
金主義で認識するのは当たり前であるため。）、利益と収支の違いを対比して理
解しやすいため、上記のような説明を行っています。

　　発生主義とは、現金および現金同等物の入出金時ではなく、取引の事実（＝
経済的実態）が発生した時点で、収益や費用を認識する会計処理方法をいいま
す。なお、収益については、この発生主義より慎重な基準として、実現主義が
採用されています。

　これらの財務諸表については、「第3章　決算書を俯瞰する」で再度取
り上げます。

③ 簡単な事例を用いた、3つの財務諸表の相互関係の確認

　以下は、【表1】の取引が発生したとき、貸借対照表、損益計算書、
キャッシュ・フロー計算書にどのような影響を与えるかを【表2】に示し
たものです。

I　事前に必ず確認しなければならない事項

【表1】期中の取引

①商品仕入

　1,000千円（消費税等80千円）の商品を掛けで仕入れた。

②商品売上

　原価1,200千円の商品を2,000千円（消費税等160千円）で掛販売した。

③売掛金の回収

　売掛金2,124千円を預金で回収した。

④買掛金の支払

　買掛金1,296千円を預金から支払った。

⑤販管費（販売費及び一般管理費）の支払

　販管費500千円を預金で支払った。

⑥未払金の支払

　有形固定資産取得に関する未払金250,000千円を預金で支払った。

⑦減価償却費の計上

　有形固定資産の減価償却費を計上した。

⑧法人税計算

　当期の法人税、住民税及び事業税を計上した（法人税等調整額はないものとする）。

【表2】貸借対照表・損益計算書・キャッシュ・フロー計算書への影響

B/S 貸借対照表（期中の取引による影響）

科目	B/S X1年3月31日	①商品仕入	②商品売上	③売掛金の回収	④買掛金の支払	⑤販管費支払	⑥未払金の支払	⑦減価償却費	⑧法人税計算	増減額	B/S X2年3月31日
資産											
現金預金	250,000			2,124,000	(1,296,000)	(500,000)	(250,000)			78,000	328,000
売掛金	324,000		2,160,000	(2,124,000)						36,000	360,000
棚卸資産	300,000	1,000,000	(1,200,000)							(200,000)	100,000
有形固定資産	250,000							(50,000)		(50,000)	200,000
		0	0	0						0	0
負債											
買掛金	(864,000)	(1,080,000)			1,296,000					216,000	(648,000)
未払金	(250,000)						250,000			250,000	0
未払消費税等	0	80,000	(160,000)							(80,000)	(80,000)
未払法人税等	0								(75,000)	(75,000)	(75,000)
純資産											
資本金	(10,000)									0	(10,000)
利益剰余金	0	(800,000)	500,000			500,000		50,000	75,000	(175,000)	(175,000)
	0	0	0	0	0	0	0	0	0	0	0

※1 「法人税」は、住民税及び事業税と「法人税等調整額」の合計をいう。

P/L（損益計算書）X1年4月1日～X2年3月31日

	増減額
売上高	2,000,000
売上原価	(1,200,000)
売上総利益	800,000
販管費	(550,000)
営業利益	250,000
経常利益	250,000
税引前当期純利益	250,000
税金費用※1	(75,000)
当期純利益	175,000

C/S（キャッシュ・フロー計算書）X1年4月1日～X2年3月31日（直接法によるC/S）

営業収入	2,124,000
棚卸資産仕入支出	(1,296,000)
販管費支出	(500,000)
営業キャッシュ・フロー	328,000
投資キャッシュ・フロー	(250,000)
財務キャッシュ・フロー	0
キャッシュの増減額	78,000
キャッシュの期首残高	250,000
キャッシュの期末残高	328,000

（間接法によるC/S）

税引前当期純利益	250,000
減価償却費	50,000
売掛金の増減額	(36,000)
棚卸資産の増減額	200,000
買掛金の増減額	(216,000)
未払消費税等の増減額	80,000
営業キャッシュ・フロー	328,000
投資キャッシュ・フロー	(250,000)
財務キャッシュ・フロー	0
キャッシュの増減額	78,000
キャッシュの期首残高	250,000
キャッシュの期末残高	328,000

I　事前に必ず確認しなければならない事項

【表1】の期中の取引は、いくつかのタイプに分けられます。

(a)　貸借対照表のみ影響を与える取引……①

(b)　貸借対照表と損益計算書に影響を与える取引……②、⑦、⑧

(c)　貸借対照表とキャッシュ・フロー計算書に影響を与える取引……
③、④、⑥

(d)　すべてに影響を与える取引……⑤

(a)の取引は、主に掛けで資産を購入する取引が該当します。

(b)の取引は、現金および現金同等物は変化しませんが、損益に影響を与える取引ですので、発生主義（収益は実現主義）や費用収益対応の原則でのみ認識される取引ということになります。該当する取引で頻出するものといえば、減価償却費や引当金の繰入です。これらは、非現金支出費用と呼ぶことがあります。資産の評価によって生じる評価損もこの取引に該当します。

(c)の取引は、損益に影響を与えず、現金および現金同等物が変化する取引です。これは、債権債務の決済取引や貸付や借入といった資金取引などが該当します。当然にキャッシュ・フロー計算書に影響を与えます。

(d)の取引は、発生主義と現金主義の認識のタイミングが一致しているため、損益計算書とキャッシュ・フロー計算書に与える影響が同額になるということです。

このように、3つの財務諸表の相互関係を確認した上で、次の整合性の確認についてみていきましょう。

23

Ⅱ 貸借対照表、損益計算書、キャッシュ・フロー計算書の整合性確認

1 簡単に確認できる整合性

　この段階では、前期比較を行う事前準備としての最低限の確認ができれば十分です。短時間で確認できる項目として、次のものがあります。
　・貸借対照表と損益計算書の整合性
　・貸借対照表とキャッシュ・フロー計算書の整合性
　・損益計算書とキャッシュ・フロー計算書の整合性

2 貸借対照表と損益計算書の整合性

　貸借対照表の利益剰余金と損益計算書の当期純利益との整合性を確認します。

　貸借対照表の利益剰余金の増減額は、剰余金の配当や処分等を除けば、当期純損益と一致するはずです（右図の①）。

　あらかじめ、剰余金の配当や処分等がないとわかっている場合に、利益剰余金の増減額と当期純損益が一致していなことがあれば、その理由を事

Ⅱ　貸借対照表、損益計算書、キャッシュ・フロー計算書の整合性確認

前に確認しておく必要があります。

　利益剰余金と当期純損益の関係をより明らかにしている財務諸表が、「株主資本等変動計算書」です。利益剰余金の内訳である「その他利益剰余金」の「繰越利益剰余金」を見ると、その当期変動額の内容として「当期純利益」があります。この株主資本等変動計算書を確認すると、貸借対照表と損益計算書の当期純損益の関係が明確になります。

【図】整合性

X1年3月31日
B/S（貸借対照表）

資産		1,124,000	負債		1,114,000
現金預金	②	250,000	買掛金		864,000
売掛金		324,000	未払金		250,000
棚卸資産		300,000	未払消費税等		0
有形固定資産		250,000	未払法人税等		0
			純資産		10,000
			資本金		10,000
			利益剰余金		0

X1年4月1日〜X2年3月31日
P/L（損益計算書）

売上高		2,000,000
売上原価		1,200,000
売上総利益		800,000
販管費		550,000
営業利益		250,000
経常利益		250,000
税引前当期純利益	③	250,000
税金費用		75,000
当期純利益	①	175,000

X2年3月31日
B/S（貸借対照表）

資産		988,000	負債		803,000
現金預金	②	328,000	買掛金		648,000
売掛金		360,000	未払金		0
棚卸資産		100,000	未払消費税等		80,000
有形固定資産		200,000	未払法人税等		75,000
			純資産		185,000
			資本金		10,000
			利益剰余金	①	175,000

C/S（キャッシュ・フロー計算書）
（直接法による場合）

営業収入		2,124,000
棚卸資産仕入支出	△	1,296,000
販管費支出	△	500,000
営業キャッシュ・フロー		328,000
投資キャッシュ・フロー	△	250,000
財務キャッシュ・フロー		0
キャッシュの増減額		78,000
キャッシュの期首残高	②	250,000
キャッシュの期末残高	②	328,000

（間接法による場合）

税引前当期純利益	③	250,000
減価償却費		50,000
売掛金の増減額	△	36,000
棚卸資産の増減額		200,000
買掛金の増減額	△	216,000
未払消費税等の増減額		80,000

25

[参考] 株主資本等変動計算書

	株主資本									
	資本金	資本剰余金			利益剰余金				自己株式	株主資本合計
		資本準備金	その他資本剰余金	資本剰余金合計	利益準備金	その他利益剰余金		利益剰余金合計		
						別途積立金	繰越利益剰余金			
当期首残高	397,049	416,970	1,132	418,102	99,454	6,340,926	316,890	6,757,270	△1,279,668	6,292,753
当期変動額										
新株の発行								0		0
剰余金の配当							△156,784	△156,784		△156,784
当期純利益							358,440	358,440		358,440
自己株式の取得								0	△1,150	△1,150
自己株式の処分								0		0
…								0		0
株主資本以外の項目の当期変動額(純額)										
当期変動額合計	—			—		—	201,656	201,656	△1,150	200,506
当期末残高	397,049	416,970	1,132	418,102	99,454	6,340,926	518,546	6,958,926	△1,280,818	6,493,259

	評価・換算差額等				新株予約権	純資産合計
	その他有価証券評価差額金	繰延ヘッジ損益	土地再評価差額金	評価・換算差額等合計		
当期首残高	224,485	—	—	224,485	11,006	6,528,244
当期変動額						
新株の発行						0
剰余金の配当						△156,784
当期純利益						358,440
自己株式の取得						△1,150
自己株式の処分						0
…						0
株主資本以外の項目の当期変動額(純額)	137,628			137,628	△208	137,420
当期変動額合計	137,628	—	—	137,628	△208	337,926
当期末残高	362,113	—	—	362,113	10,798	6,866,170

※ その時の損益計算書上の当期純利益は、358,440になります。

Ⅱ　貸借対照表、損益計算書、キャッシュ・フロー計算書の整合性確認

 貸借対照表とキャッシュ・フロー計算書の整合性

　貸借対照表の現金預金とキャッシュ・フロー計算書の「キャッシュ」(現金及び現金同等物) との整合性を確認します。

　現金預金とキャッシュの範囲が一致していれば貸借対照表の前期および当期の現金預金残高とキャッシュ・フロー計算書のキャッシュの期首および期末残高は一致するはずです (25ページ図の②)。

　しかし、貸借対照表の現金預金とキャッシュ・フロー計算書の「キャッシュ」には違いがあります。

【表】貸借対照表の現金預金とキャッシュ・フロー計算書のキャッシュ

貸借対照表		キャッシュ・フロー計算書
現金		キャッシュの範囲
預金	取得日から満期日までの期間が3ヵ月以内	
	取得日から満期日までの期間が3ヵ月超、かつ期末日の翌日から満期日・償還日までの期間が1年以内	キャッシュの範囲外
有価証券	取得日から満期日・償還日までの期間が3ヵ月以内	キャッシュの範囲
	取得日から満期日・償還日までの期間が3ヵ月超、かつ期末日の翌日から満期日・償還日までの期間が1年以内	キャッシュの範囲外

　キャッシュ・フロー計算書の「キャッシュ」とは、現金及び現金同等物をいいます。現金同等物とは、容易に換金可能で、かつ価格変動リスクが僅少な短期投資をいい、具体的には、取得日から満期日・償還日までの期間が「3ヵ月」以内の投資をいいます。

　現金同等物はこのように定義はされていますが、具体的に何を含めるかについては、実は経営者の判断に委ねられています。したがって、「キャッ

シュ」に含まれる内容については、会計方針として継続する必要もあり、加えて貸借対照表の勘定科目別の残高と「キャッシュ」の残高の関係について、注記することになっています。

4 損益計算書とキャッシュ・フロー計算書の整合性

　実務上、キャッシュ・フロー計算書のほとんどは間接法により作成されているため、損益計算書の税引前当期純利益とキャッシュ・フロー計算書の税引前当期純利益との整合性を確認することができます（25ページ図の③）。

　また、事例では登場していませんが、損益計算書の営業外項目である受取利息・受取配当金や支払利息、特別項目の固定資産売却損益などについては、損益計算書とキャッシュ・フロー計算書との整合性を確認できます。

　整合性を確認することが意外に難しいのが、減価償却費です。

　減価償却費は、損益計算書上、販売費及び一般管理費として確認できることがありますが、原価計算が行われている場合には、製造原価にも含まれています。また、同じ販売費及び一般管理費の中でも、研究開発費に含まれていることもあり、これらの減価償却費とキャッシュ・フロー計算書の減価償却費の一致を見なければ、整合性の確認はできません。

　この時、キャッシュ・フロー計算書の減価償却費と整合性を確認できるものとして、固定資産増減明細の減価償却費合計やセグメント情報の減価償却費合計が考えられます。

第3章

決算書を俯瞰する

Ⅰ

貸借対照表をまず俯瞰する

① なぜ貸借対照表から読むのか

　貸借対照表をまず俯瞰します。俯瞰の方法としては、「森から木」への見方を意識するようにします。

　「決算書が正しく作成されているかを検証する」ことを目的とする場合、まず貸借対照表から前期比較するようにします。企業業績評価目的では、損益計算書から前期比較することが一般的かもしれませんが、決算書検証目的ではなぜ貸借対照表から前期比較するのが良いのでしょうか。

　貸借対照表は、残高つまりストックを表します。一方、損益計算書は、損益つまりフローを表します。損益計算書を「原因」と捉えれば、貸借対照表はその「結果」です。「原因」であるフローの結果、「結果」であるストックが変化するということです。

　前期比較する場合、前期と当期の「結果」の変化が、「原因」になっていると考えられます。売上を「原因」として売掛金という「結果」が生じるとすれば、売掛金が増加したということは、売上が増えたからではないかと想像できるということです（必ずしもそうであるとは限りませんが）。

　このように「結果」の変化から「原因」をイメージして前期比較を行うことは、「おかしな数字」を見抜く上で、非常に効果があります。イメー

31

ジと異なる「原因」がみられた場合、「なぜだろう」と疑問を抱くことができるからです。あるはずのイメージとの乖離を把握することが、決算書検証目的においては非常に重要です。

【参考】貸借対照表と損益計算書・キャッシュ・フロー計算書の関係

1日1,000ℓの水が流入し、同時に950ℓ流出しているとします。
1日後の水量は、50ℓです。
このとき、水の流入・流出を表現するのが損益計算書もしくはキャッシュ・フロー計算書であり、1日経った後の水量を表現するのが貸借対照表です。
なお、1日が始まる時点での水量を0ℓとすると、損益計算書・キャッシュ・フロー計算書の結果が貸借対照表といえます。

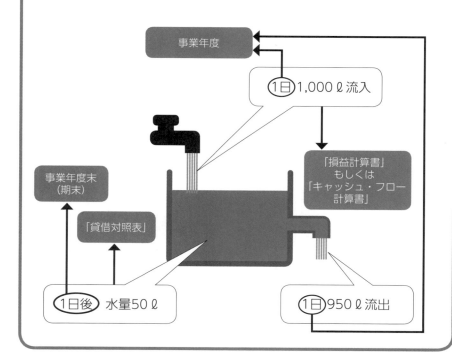

2 俯瞰の手順（第1ステップ）

貸借対照表における「森」とは何でしょうか。

もっとも大きい単位の区分は、「資産の部」「負債の部」「純資産の部」です。この大区分で、まず前期比較を行います。

【参考】貸借対照表（単体）

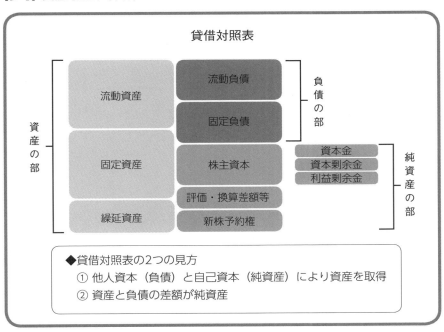

前期比較し、「資産の部」が増えると何がイメージできるでしょうか。まず考えられるのは、会社規模の拡大です。では同時に「負債の部」が増えるとどうでしょうか。そしてこの時「純資産の部」はどうなっているで

しょうか。もし同時に「純資産の部」が減っていれば、「利益は出ていないのに、借入でもして資産を購入したのだろうか。なぜだろうか。」とイメージすることができます。もし「純資産の部」が増えていれば、「利益が出て、設備投資でもしたのだろうか。将来見通しは明るいのだろうか。」などとイメージすることができます。

このステップでもっとも重要なのは、「純資産の部」の見方です。これがもしマイナスになっているようなことがあれば、その企業は資産より負債が多い状態、つまり債務超過の状態にあることになります。債務超過の状態が続いているようでは、企業の継続性に問題がある（倒産する可能性が高い）ということになりますので注意が必要です。

【参考】債務超過と（資本）欠損

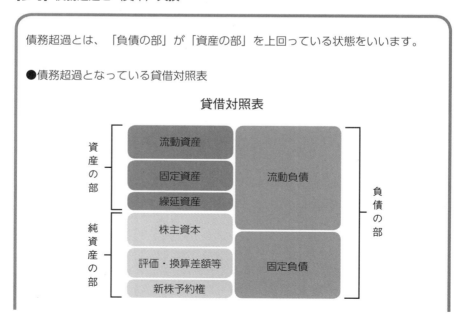

（資本）欠損とは、「純資産の部」が資本金と法定準備金（資本準備金と利益準備金を足した額）との合計額を下回った状態をいいます。

● （資本）欠損となっている貸借対照表

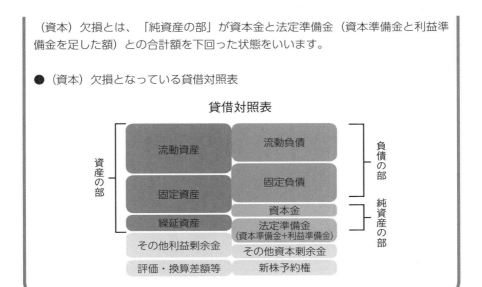

3 俯瞰の手順（第2ステップ）

　次に貸借対照表において、もう一歩「森から木」へ踏み込んだ区分は何になるでしょうか。

　次の区分は「流動項目」と「固定項目」です。「資産の部」では「流動資産」と「固定資産」、「負債の部」では「流動負債」と「固定負債」となります。

　流動項目と固定項目の違いは、企業の主目的である営業取引に関する資産や負債か否かです。財務取引といった営業外の取引については、決算日の翌日から1年以内に入金されるか支払わなければならないかの違いで

第3章　決算書を俯瞰する

す。

　前期比較し、流動項目が増えると何がイメージできるかといえば、営業
取引の規模拡大です。もし流動資産が増加しているにもかかわらず、流動
負債が減少しているならば、疑問を持たなければなりません。

　このステップでもっとも重要なのは、流動負債の方が流動資産より大き
い状態になっていないかどうかという見方です。営業取引による資産より
負債の方が多いということは、資金繰りに問題が生じ始めているのではな
いかという疑問がわいてくることになります。

【参考】正常営業循環基準と1年基準（ワンイヤールール）

　流動項目と固定項目を分類する基準として、正常営業循環基準と1年基準(ワ
ンイヤールール）があります。

　正常営業循環基準とは、企業の正常な営業循環過程内にある項目を流動項目
とし、これ以外を固定項目とする基準です。たとえば、企業の主目的である営
業取引により発生する売掛金は、営業循環過程内にある項目であるため、流動
項目です。もし、正常な取引条件として、1年を超える決済条件（たとえば、
売掛金計上して15ヵ月後回収という決済条件）であったとしても、流動資産
として取り扱われます。ただし、営業循環過程から外れた場合（破産更生債権
等となるなど）は、1年内に入金されるか否かで、流動資産か固定資産か判断
されることになります。

　1年基準とは、決算日の翌日から起算して1年以内に入金または支払義務の
ある項目を流動項目とし、1年を超えて入金または支払義務のある項目を固定
項目とする基準です。注意すべき点は、正常営業循環基準が1年基準に優先し
て適用されるということです。たとえば、有形固定資産を考えた場合、残存耐
用年数が1年以下になったとしても、固定資産のままとしておくのは、正常営
業循環基準によって営業循環過程内にある資産ではないと考えられるためで
す。また耐用年数を経過したとしても、必ず入金するとも限らないため、流動
資産に振替える事をしないのです。

4 俯瞰の手順（第3ステップ）

　貸借対照表において、さらに「森から木」へ踏み込んだ区分は、決算書上の勘定科目ということになります。流動資産の勘定科目でいうと、「現金預金」、「売掛金」、「有価証券」、「棚卸資産」などが該当します。

　勘定科目レベルでの読み方は、別の項で営業活動、投資活動、財務活動別に解説します。

　ここで重要となる見方は、「損益計算書を想像しながら読む」ということです。貸借対照表を俯瞰して読むと、損益計算書がイメージできるはずです。簡単な例を考えてみましょう。前期比較し、「純資産の部」が増加していたならば、何の勘定科目が増加しているのかに着目します。もし利益剰余金が増加していたならば、どのような損益計算書がイメージできるでしょうか。利益剰余金の増加は、当期純利益の計上が原因となるケースがほとんどです。正確には剰余金の配当も考慮する必要があり、本来は株主資本等変動計算書を読めば明らかになる事実ではありますが、貸借対照表のみで損益計算書における当期純利益の計上がイメージできます。加えて、流動資産と流動負債が増加している場合は、どうでしょうか。営業取引の規模が拡大している可能性が高いと考えられ、損益計算書における売上高が前期より増加していることがイメージできます。

　もし、貸借対照表の前期比較からイメージされる損益計算書と実際の損益計算書が異なっていたならば、なぜイメージと違うのかという疑問を持って損益計算書を分析できるため、こうした貸借対照表から初めに読んで損益計算書をイメージするという読み方は、有効といえるのです。

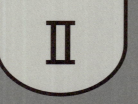

損益計算書を俯瞰する

1 段階利益に着目する

　損益計算書には、段階利益が区分表示されています。
　段階利益とは、売上総利益、営業利益、経常利益、税引前当期純利益、当期純利益です。損益計算書を俯瞰する場合には、この5つの段階利益に売上高を加えて読んでみましょう。

【参考】売上高と段階利益

売　上　高：製商品・役務提供の対価を表現したもの。
売上総利益：製商品等自体の収益力を表現したもの。
営　業　利　益：本業の収益力を表現したもの。
経　常　利　益：経常的な（本業＋財務）収益力を表現したもの。経常的な収益力とは、本業（営業活動）と財務活動による収益力を意味する。
税引前当期純利益：臨時的な損益を加味した収益力、純粋な会社全活動の収益力を表現したもの。
当期純利益：税金費用を含めた会社全活動の収益力を表現したもの。

　※連結財務諸表においては、「包括利益」の表示が要求されており、資本取引以外による純資産の変動を表現したものとなっています。

Ⅱ　損益計算書を俯瞰する

２　段階利益を「下から」読む

　貸借対照表の前期比較から損益計算書をイメージすることが重要であることは、前述のとおりです。貸借対照表から、ほぼ確実にイメージできるのは「当期純利益が出ているかどうか」です。このイメージをもって損益計算書を読む場合、効果的と考えられるのは、当期純利益から税引前当期純利益、経常利益、営業利益、売上総利益、売上高と、段階利益の下から上へ読んでいく方法です。

　段階利益を「下から上へ」読む方法のメリットは２つあります。

　１つは、当期純利益を構成している利益は何か、ということを意識して損益計算書を読むことができるという点です。たとえば、当期純利益が100だった場合、これを構成している利益は何かということを意識すると、「税金費用（法人税、住民税及び事業税と法人税等調整額との合計）を除いた利益はいくらか」という見方ができ、税引前当期純利益が150となります。

　次に「特別項目を除いた利益はいくらか」で経常利益が140、「営業外項目を除いた利益はいくらか」で営業利益が160、「販売費及び一般管理費を除いた利益はいくらか」で売上総利益200、そして最後に「売上高はいくらか」で1,000、という読み方となり、当期純利益がどのような利益で構成されているか、意識することができます。

　もう１つは、企業の損益計算書は当期純利益から作られているため、その作成意図を意識して読むことができるという点です。損益計算書は、売上高から売上原価を引いて、そこから販売費及び一般管理費を引いて、最

39

終的に当期純利益が算出されるのではないかと思われる方が多いかもしれません。当然、そのような手順で作成されることは間違いありません。しかし、企業というのは（特に上場会社は）目標となる当期純利益にあわせて決算を行うことが多いのです。

つまり、企業は当期純利益が100になるように、どのように利益を作っていけばよいか、ということを考えて決算を迎えるということです。当期純利益を100にするためには、税引前当期純利益を150にする必要があり、現状の経常利益が140であるため、特別利益（たとえば投資有価証券売却益）を10作らなければならない、などと考えるわけです。

③ 段階利益の動きに注視する

まず当期純利益の前期比較を行います。もし増加していたならば、他の段階利益も増加しているはずです。まず留意する点は、当期純利益の増加率と比較してどれほど他の段階利益が増加しているかということです。

実際には、当期純利益の増加率と同率で他の段階利益が増加していることは、ほぼありません。ここでは俯瞰的に段階利益の動きが把握できれば十分です。

たとえば、当期純利益が前期比50％増加したとします。税引前当期純利益が前期比20％の増加であった場合、どのような事象があったと考えられるでしょうか。ポイントは、税金費用がどのように変化したかということです。税金費用は、法人税、住民税及び事業税と法人税等調整額との合計ですから、税金計算と税効果会計の影響を受けることになります。ともに

難解な話ですので、ここでの解説は割愛しますが、段階利益の動きに着目して、何を調べる必要があるか把握することが重要です。

【例】段階利益の変動

> 　たとえば、以下のようなケースでは、当期純利益が前期比50％増加、税引前当期純利益が前期比20％増加となります。
>
> | | 前期 | 当期 |
> |---|---|---|
> | 税引前当期純利益 | 150 | 180 |
> | 法人税、住民税及び事業税 | △ 60 | △ 70 |
> | 法人税等調整額 | 10 | 40 |
> | （税金費用 | △ 50 | △ 30) |
> | 当期純利益 | 100 | 150 |
>
> この場合、税金費用が前期比で20減少しています。
>
> 　なぜ、税引前当期純利益が増加し、税金費用が減少したのか、原因を把握することが必要です。

　わかりやすい注視の方法は、段階利益が逆に動いていないかという見方です。たとえば、当期純利益は減少、経常利益は増加というような動きです。この時、売上高はどのように変化しているか、当然に注意しなければなりません。売上高が減少していれば、ますます経常利益が増加した背景に何があったのか、疑問が膨らみます。

　ここで1点重要な話をしておきます。

　特に上場企業においては、経常利益が重視されます。それは投資家が投

資をするにあたり、経常的な収益力を重視して投資判断することが多いと考えられるからです。たとえ当期純損失であったとしても、経常利益が出ているのであれば、翌期は期待できるのではと思わせるのが経常利益だからです。つまり当期純損失になったのは、たまたま特別な事項が発生したからだ、というわけです。

　これを企業側の立場になって考えると、たとえ当期純損失になったとしても、何とか経常利益を確保したいと思って決算を行う可能性が高まるということです。つまり、上記のように当期純利益が減少する一方で経常利益が増加しているような動きがある場合は、そこに意図的な調整がないかどうかも留意して損益計算書を読む必要があります。

④ 利益率を前期比較する

　段階利益の動きに注視する見方というのは、段階利益率の変化に注視するということに当然関係します。まず段階利益の動きを読み、次に段階利益率の変化を読むことで、変動幅の違いをみて着目すべきポイントを抽出することになります。

Ⅱ　損益計算書を俯瞰する

【参考】段階利益率

売上総利益率　＝　$\dfrac{売上総利益}{売上高}$

営業利益率　＝　$\dfrac{営業利益}{売上高}$

経常利益率　＝　$\dfrac{経常利益}{売上高}$

税引前当期純利益率　＝　$\dfrac{税引前当期純利益}{売上高}$

当期純利益率　＝　$\dfrac{当期純利益}{売上高}$

　段階利益率の変化の読み方ですが、一般論として、段階が上の利益率ほど安定しているということです。

安定　◀━━━━━━　安定度　━━━━━━▶　不安定
売上総利益率　　営業利益率　　経常利益率　　税引前当期純利益率　　当期純利益率

　業種・業界、ビジネスモデル、企業固有の事情によって段階利益率の安定度は異なりますが、一般的には、売上総利益率が一番安定しているといえます。前期と同じような製商品を同じように販売しているとすると、売上高が変動したとしても、売上原価も同様に変化すると考えられるためです。

　営業利益率については、売上高の変動に関係して比例的に発生する費用（いわゆる変動費）以外に、売上高の変動に関係なく固定的に発生する費用（いわゆる固定費）を含んだ販売費及び一般管理費が関係するため、売上総利益率と比較すると変動する要素があるといえます。

　段階利益が変動する主な事例については、第4章で解説します。

43

キャッシュ・フロー計算書を俯瞰する

1 キャッシュの変動に着目する

　キャッシュ・フロー計算書は、金融商品取引法が適用される上場企業等について作成が要求されていますが、会社法のみが適用される会社では、作成が義務付けられていません。そのため、分析対象の会社に必ずしもキャッシュ・フロー計算書が存在するとは限らないため、ここでは作成されている場合に限定してその読み方を考えてみます。

　キャッシュ・フロー計算書の「キャッシュ」とは、「現金及び現金同等物」を意味します。現金はイメージし易いですが、現金同等物とは、容易に換金可能であり、かつ、価値の変動について僅少なリスクしか負わない投資をいいます。具体的には、価格の変動がわずかで、元本がほぼ保証される取得した日から満期日・償還までが3ヵ月以内の短期的な投資が該当し、3ヵ月満期の定期預金や譲渡性預金、公社債投資信託などがあげられます。

　キャッシュ・フロー計算書のキャッシュの増減も、損益計算書と同様に貸借対照表の前期比較からイメージすることができます。貸借対照表の現金預金の変動と有価証券の一部（キャッシュに該当する部分）の変動が、キャッシュ・フロー計算書におけるキャッシュの変動です。貸借対照表の

みでキャッシュに該当する有価証券がいくらかについてはわかりません
が、キャッシュ・フロー計算書の注記を読むと、貸借対照表上の現金預金
や有価証券等とキャッシュ・フロー計算書のキャッシュの関係が説明され
ています。

　あとは、キャッシュの変動がどのような内容であるかということが、
キャッシュ・フロー計算書の「森から木へ」の見方となります。

② 活動区分に着目する

　キャッシュ・フロー計算書には、営業活動によるキャッシュ・フロー、
投資活動によるキャッシュ・フロー、財務活動によるキャッシュ・フロー
の３つの区分があります。この活動区分を前期比較することが、次のもう
一歩「森から木へ」踏み込んだ読み方となります。

【参考】キャッシュ・フロー計算書の活動区分表示

●営業活動によるキャッシュ・フロー（営業CF）
　営業利益または営業損失の計算の対象となった取引に係るキャッシュ・フ
ロー。
　投資活動や財務活動以外の取引に係るキャッシュ・フローも含みます。

●投資活動によるキャッシュ・フロー（投資CF）
　有価証券の取得による支出、有価証券の売却による収入、有形固定資産の取
得による支出、有形固定資産の売却による収入、投資有価証券の取得による支
出、投資有価証券の売却による収入、貸付けによる支出、貸付金の回収による

収入その他投資活動に係るキャッシュ・フロー。

●財務活動によるキャッシュ・フロー（財務CF）
　短期借入れによる収入、短期借入金の返済による支出、長期借入れによる収入、長期借入金の返済による支出、社債の発行による収入、社債の償還による支出、株式の発行による収入、自己株式の取得による支出その他財務活動に係るキャッシュ・フロー。

　すべての活動区分においてキャッシュ・フローがプラスになっていれば、企業にとって良い状態であるとは言えないのがキャッシュ・フロー計算書です。常にプラスであるのが良いと考えられるのは営業CFだけです。また前期比較し増加しているのが望ましいのも営業CFだけです。他の活動区分のキャッシュ・フローは、増加が良いというわけではないのです。

　単年度におけるキャッシュ・フロー計算書を考えてみましょう。

　投資CFのマイナスが意味することは、（投資）有価証券や有形・無形固定資産の取得による支出です。つまり運用目的や投資目的のキャッシュ・アウト・フローです。これが（投資）有価証券や有形・無形固定資産の売却による収入より多いことがあっても、決して企業にとって悪いことではありません。重要な点は、営業CFの範囲内で行われているかどうかです。積極的な投資であれば、営業CFを超えて財務CFを加えた範囲内で行われることも考えられます。つまり、投資CFは、プラスかマイナスかという見方ではなく、営業CFや財務CFとの関係でとらえる見方が必要であるということです。

　財務CFのマイナスが意味することは、借入金の返済や社債の償還による支出です。企業の資金繰り状況にもよりますが、財務体質強化のためのキャッシュ・アウト・フローかもしれません。したがって、財務CFもマイナスだからといって企業にとって必ずしも悪いこととは限りません。重

要な点は、投資 CF と同様、営業 CF や投資 CF の関係でとらえることが必要になるということです。

3 活動区分別のキャッシュ・フローの変動に着目する

　営業 CF、投資 CF、財務 CF が前期比でどのように変動しているかを確認します。

　営業 CF だけは、他の活動と異なり増加が望ましいと考えることができます。ただし、営業 CF が増加しているからといって、営業が好調であることを意味しているわけではありません。なぜなら、キャッシュの変動は利益の変動と一致するとは限らず、タイムラグが存在するからです。

　詳しくは第 4 章で解説しますが、一般的なビジネスでは、まず売上があってその後入金があります。この売上に対応する売上原価は、仕入があってその後支払があり、売上時に費用（売上原価）となります。つまり、売上による営業利益計上のタイミングと仕入後の支払や売上後の入金のタイミングとずれているということです。もしかすると、営業 CF が増加しているときには、すでに売上は減少傾向になっているかもしれません。営業 CF の変動をみる際には、営業利益の変動とあわせて読むことが重要です。

　投資 CF や財務 CF の変動については、営業 CF の変動とあわせて読みます。

第3章　決算書を俯瞰する

【参考】フリーキャッシュフロー

　　フリーキャッシュフロー（FCF：Free Cash Flow）とは、営業活動から獲得したキャッシュのうち自由に使うことができるキャッシュを意味します。
　　実務上 FCF は、

　　　FCF＝営業 CF ＋投資 CF

で計算されることが多いですが、投資 CF の中には、事業維持のために投資に回した資金以外も含まれることから、この算定式は正確ではありません。事業維持のために行う資本的支出（有形固定資産取得）以外のキャッシュ・アウト・フローは、算定式から除いて考える必要があります。
　　次のような算定式もあります。

　　　FCF ＝ NOPAT ＋償却費－設備投資－増加運転資本
　　　NOPAT ＝ EBIT［経常利益－受取利息＋支払利息］×（1－実効税率）

　　　※ EBIT：Earning Before Interest & Tax（営業利益）
　　　※ NOPAT：Net Operating Profit After Tax（税引後営業利益）

　　FCF は、企業価値の評価にもつながる指標のため、重要と考えられています。

Q1 貸借対照表の前期比較で、最初に着目すべきポイントは何でしょうか。

まずは貸借対照表のもっとも大きい区分である「資産の部」、「負債の部」、「純資産の部」がどう変化したかをみてみましょう。貸借対照表の見方は、大きく分けて2つあります。1つは、「資産の部」と「負債の部」の差額として「純資産の部」が算出されるという見方、もう1つは、他人資本である「負債の部」と自己資本である「純資産の部」により、「資産の部」を獲得しているという見方です。

前者の見方をすると、「純資産の部」にまず着目し、たとえば純資産が増加した場合は、資産が負債以上に増加したことを確認することが重要であることを意味します。

後者の見方をすると、「資産の部」にまず着目し、たとえば総資産が増加したのは、他人資本（負債）によるものか、それとも自己資本（純資産）によるものか、という原因分析を行うことになります。

前期比較の場合、前者の見方をまず行いましょう。「純資産の部」に着目する方が、損益計算書との関係を読むのに適しているためです。その際にもっとも重要なことは、債務超過になっていないかを確認することです。

第3章　決算書を俯瞰する

Q2 損益計算書の前期比較で、最初に着目すべきポイントは何でしょうか。

A2 損益計算書には、売上総利益、営業利益、経常利益、税引前当期純利益、当期純利益という段階利益があります。この段階利益が、前期と比べてどのように増減しているのかにまず最初に着目します。段階利益ではありませんが、売上高の増減もあわせて確認します。

　また、利益率の増減にも着目しましょう。利益率には、段階利益に対応した利益率がありますので、段階利益率別に何ポイント変化したかに着目します。

Q3 貸借対照表と損益計算書の関係をふまえた前期比較のポイントは何でしょうか。

A3 貸借対照表と損益計算書には、それぞれ関連する勘定科目があります。

　これらの関連する勘定科目の動きに着目します。関連する勘定科目の増減は、それぞれが影響しあっているはずだからです。

　主なものは以下の通りです。

貸借対照表の勘定科目	損益計算書の勘定科目
売掛金、受取手形	売上高
買掛金、支払手形	売上原価
有形・無形固定資産	減価償却費、固定資産売却損益、除却損、減損損失

50

有価証券、投資有価証券	有価証券利息、受取配当金、(投資)有価証券売却損益、(投資)有価証券評価損益、その他有価証券評価差額金
貸付金	受取利息（貸付金利息）
借入金	支払利息（借入金利息）
繰延税金資産、繰延税金負債	法人税等調整額

　この関連する勘定科目で、増減幅に大きな違いがあったり、逆の動きをしたりした場合は、その原因について調査する必要があります。

 どのような財務指標を前期比較すると決算書の「おかしな数字」を発見できますか。

 主な財務指標として、以下のようなものがあります。

分　類	使用する決算書	主な指標
収益性指標	損益計算書	売上高総利益率、売上高営業利益率、売上高経常利益率、売上高当期純利益率、損益分岐点、安全余裕率　等
	貸借対照表＋損益計算書	ROA（総資産利益率）、ROE（自己資本利益率）
効率性指標	貸借対照表＋損益計算書	総資本回転率、売上債権回転期間、仕入債務回転期間、棚卸資産回転期間、固定資産回転率
安全性指標	貸借対照表	流動比率、当座比率、固定比率、固定長期適合率、自己資本比率
成長性指標	損益計算書	売上高伸び率、経常利益伸び率
	貸借対照表	総資産伸び率

51

第3章　決算書を俯瞰する

　これらの財務指標の前期比較を行い（過去3年〜5年の推移を見るとより効果的）、異常な変動がないかどうかを確認することで「おかしな数字」を見抜きます。何が「異常な変動」なのかについては、それぞれの財務指標によって見方が異なるので注意する必要があります。

第4章

営業活動に関する
前期比較の方法①
―売上債権、仕入債務、
　　　　売上高、仕入高―

活動区分を意識した前期比較

1 決算書を俯瞰したあと実施すべき事項

これまで貸借対照表、損益計算書、キャッシュ・フロー計算書を俯瞰して読む方法を見てきました。次の「森から木へ」入っていく見方は、決算書上の勘定科目を中心とした読み方です。そこから更に奥へ入っていく見方は、試算表の勘定科目レベルや内訳明細レベルでの前期比較ということになります。

勘定科目を中心とした前期比較を行う際、その勘定科目がどのような企業活動と紐付けされているかを意識してみましょう。ヒントになるのはキャッシュ・フロー計算書の活動区分です。

2 貸借対照表と損益計算書も活動区分を意識して読む

キャッシュ・フロー計算書では、キャッシュ・フローが営業活動、投資活動、財務活動の３つの活動区分に分けて表示されていました。貸借対照表にはこのような区分はなく、損益計算書には段階利益の区分がこれに近

いと考えられますが、まったく同じではありません。

　そこで、貸借対照表と損益計算書もキャッシュ・フロー計算書と同様の活動区分で前期比較してみましょう。活動区分ごとに前期比較することで、企業の実態に迫れるだけでなく、「おかしな数字」を見抜くのに効果があるはずです。

営業活動に関する貸借対照表項目の前期比較

1 営業活動に関連する勘定科目

貸借対照表において、営業活動に関連する主な勘定科目は次のとおりです。

●資産勘定

　売掛金、受取手形、完成工事未収入金、商品、製品、仕掛品、材料、貯蔵品、前渡金、未収入金など

●負債勘定

　買掛金、支払手形、工事未払金、未払金、未払法人税等、未払消費税等、前受金、未成工事受入金、預り金、賞与引当金、退職給付引当金　など

損益計算書において、営業活動に関連する主な勘定科目は次のとおりです。

●売上高・売上原価

　売上高・完成工事高、売上原価・完成工事原価

●製造原価もしくは販売費及び一般管理費

　役員報酬、給与手当、雑給、退職金、退職給付費用、賞与、賞与引

当金繰入額、法定福利費、福利厚生費、荷造運賃、接待交際費、地代家賃、減価償却費、通信費、消耗品費、修繕費、通信費、新聞図書費、諸会費、支払手数料、支払報酬、外注費、租税公課、貸倒引当金繰入額、法人税、住民税及び事業税　など

　これらの勘定科目が相互に関連しあって変動していることを意識しましょう。

　第3章でみてきたように、まず貸借対照表に着目し、損益計算書をイメージするという見方で営業活動に関する項目の前期比較を行います。

② 売上債権・仕入債務の増減

　売上債権とは、売掛金や受取手形、電子記録債権をいい、仕入債務とは、買掛金や支払手形、電子記録債務をいいます。

　営業活動を捉えるために、まず売上債権について前期比較します。もし売上債権が増加しているならば、それに対応する仕入に関する債務である仕入債務も増加していることがイメージできます。

　留意すべきは、前受金と前渡金の存在です。

　前受金とは、受注工事や受注品等に関してあらかじめ受け取る手付金・内金をいいます。前渡金とは、商品や原材料の購入のためにあらかじめ支払われる手付金・内金をいいます。前受金は売掛金と、前渡金は買掛金と相殺される勘定科目であるため、前期比較を行う際は、前受金や前渡金を考慮して行う必要があります。

また、売上債権と仕入債務は売上高や仕入高と連動するほか、決済条件にも影響します。決済期日が伸びれば増加し、短くなれば減少することになります。滞留も当然に影響します。売上債権の回収や仕入債務の支払いが滞れば、その分残高が多くなることになります。

❸ 棚卸資産の増減

棚卸資産には、商品、製品、半製品、原材料、仕掛品、貯蔵品などがあります。前期比較した際にこれらが増加していた時、売上高や仕入高は増加しているとみてよいのでしょうか。

売上高が増加している状況の中で、商品の仕入や製品の製造が間に合っていない場合は、棚卸資産は減少します。しかし、売上高の増加を見込んで、あらかじめ仕入や製造を増やしている場合は、棚卸資産は増加する可能性があります。

逆に、売上高が減少している状況の中で、商品の仕入や製品の製造が通常通り行われている場合は、棚卸資産は増加します。しかし、売上高の減少を見込んで、あらかじめ仕入や製造を控えているような場合は、棚卸資産は減少する可能性があります。

つまり、棚卸資産の増減は、売上高や仕入高の増減と直ちに連動していないこともあり、背景を把握しておく必要があります。もちろん、対象となる企業のビジネスによっても、棚卸資産と売上高や仕入高の関係が異なってくるのは言うまでもありません。

59

第4章　営業活動に関する前期比較の方法①　―売上債権、仕入債務、売上高、仕入高―

⊐⑤④　貯蔵品は棚卸資産ではない？！

　日本の会計基準では、棚卸資産とは、原則として次の4項目のいずれか
に該当する財貨又は用役であるとされています。

(1)　通常の営業過程において販売するために保有する財貨又は用役

(2)　販売を目的として現に製造中の財貨又は用役

(3)　販売目的の財貨又は用役を生産するために短期間に消費されるべき財
　　貨

(4)　販売活動及び一般管理活動において短期間に消費されるべき財貨

　このうち、(4)については、日本において貯蔵品として取り扱われること
が一般的ですが、IFRS（国際財務報告基準）や米国基準では、棚卸資産の
範囲には含まれません。

　貯蔵品には事務用消耗品や切手・収入印紙が含まれることが多いため、
前期比較する際は、通常の棚卸資産と同様に売上高・売上原価と関連させ
て捉えるのは、間違っているということになります。貯蔵品は他の棚卸資
産と比べ金額的に重要性が低いことが多いです。

III 営業活動に関する損益計算書項目の前期比較

1 売上高と売上原価の増減

　営業活動に関係する売上債権や仕入債務を前期比較した後、損益計算書がどのようになっているかをイメージしながら、売上高と売上原価の増減をみます。

　通常、売上高と売上原価は連動し、売上高が増加すれば売上原価も増加します。

【例1】

	前期	当期	前期比
売上高	1,000	1,200	＋200
売上原価	600	780	＋180
売上総利益	400	420	＋ 20
売上総利益率	40％	35％	△　5（ポイント）

　たとえば【例1】では、売上高が200増加すると、売上原価も180増加するという関係です。問題はその増加割合です。

　この増加割合を意識した分析が、売上総利益率の前期比較です。

第4章　営業活動に関する前期比較の方法①　―売上債権、仕入債務、売上高、仕入高―

　前期は40％だったのが、当期は35％に低下しています。売上高が増加しているにもかかわらず、売上総利益率が低下している原因は何でしょうか。比較的安定しているはずの売上総利益率が変動する原因を考えてみましょう。

2　売上総利益率が変動する原因（正常な原因例）

　売上総利益率が変動する正常な原因を考えてみます。

　売上総利益率は、売上高と売上原価で決まるので、販売単価が上昇すれば上昇し、製造単価や仕入単価が上昇すると低下します。前期比較を行う際は、「なぜ販売単価が上昇したのか」「なぜ製造単価が上昇したのか」に着目して原因分析することになりますが、ある程度原因を推測して分析するのが効率的・効果的です。

　以下では、主な原因をとりあげてみましょう。

①販売する製商品のセールス・ミックスの変化

　販売する商品や製品のセールス・ミックスが変化すると、売上総利益率は変動します。

　たとえば、上記【例1】のセールス・ミックスが以下のように変化した場合、合計では売上総利益率は低下します。ちなみに、A商品、B製品、C製品のそれぞれの売上総利益率は変化していません。

62

Ⅲ　営業活動に関する損益計算書項目の前期比較

【例2】

	前期	当期	前期比
A商品			
売上高	500	400	△100
売上原価	220	176	△ 44
売上総利益	280	224	△ 56
売上総利益率	56%	56%	－
B製品			
売上高	300	440	140
売上原価	240	352	112
売上総利益	60	88	28
売上総利益率	20%	20%	－
C製品			
売上高	200	360	160
売上原価	140	252	112
売上総利益	60	108	48
売上総利益率	30%	30%	－
合計			
売上高	1,000	1,200	200
売上原価	600	780	180
売上総利益	400	420	20
売上総利益率	40%	35%	△5ポイント

　売上総利益率の高いA商品の販売量が減少し、比較してこれより売上総利益率の低いB製品やC製品の販売量が増加すると、売上高は増加しますが、合計での売上総利益率は低下することになります。

　したがって、売上総利益率が変動した場合、このセールス・ミックスがどのように変化したかを把握することが、第一に必要な作業です。そのためには、製商品・サービス別の売上高・売上原価のデータを読むことが必

要となります。事業部別やセグメント別の売上高・売上原価のデータがあれば、それらを先に読むのが良いでしょう。

② 規模の経済の存在

　一般的に、生産量や仕入高が増加するほど、製造単価や仕入単価が低くなると考えられます。製造にあたっては生産高が増加しても変化しない固定費が存在することや、仕入にあたってはボリューム・ディスカウントが行われることが多いためです。つまり、規模の経済が存在することによる売上総利益率の上昇です。

【参考】製造にあたっての規模の経済

生産量	100個	200個	400個	1,000個
変動費（@10円）	1,000	2,000	4,000	10,000
固定費（2,000円）	2,000	2,000	2,000	2,000
製造コスト	3,000	4,000	6,000	12,000
1個当たり製造原価	@30円	@20円	@15円	@12円

③ 製品ライフサイクルの変化

　製品寿命の存在する製品には、ライフサイクルがあると考えられています。製品ライフサイクルには、導入期、成長期、成熟期、衰退期の4つの段階があるとされています。

　同じ製品でも、それぞれの段階により売上総利益率が異なってくると考えられます。たとえば、もっとも売上総利益率が高いと思われる成長期から成熟期に移行するような場合、売上総利益率は低下することがあります。

前期比較する際に、製品ライフサイクルのどの段階にあるものなのかを把握しておくことは、現実的には難しいかもしれません。しかし、こうした視点も意識して前期比較を行うことは、企業の経営方針の把握にもつながりますので、是非意識してみてください。

④　原価低減、もしくは生産効率悪化による原価増

　これは説明するまでもありませんが、企業努力によって製造原価や仕入単価が低下したり、逆に努力を怠ったことで上昇したりすることで、売上総利益率が変動します。

⑤　前期と異なる水準での売上値引・割戻、仕入値引・割戻の存在

　前期に行われた売上値引・割戻や仕入値引・割戻と異なる水準で当期にこれらが行われた場合、売上総利益率は変動します。

　なお、売上割引や仕入割引は会計上営業外項目として処理されるため、売上総利益率には影響しません。

【参考】会計上の値引、割戻、割引の違い

・値引
　　製商品の品質不良や欠陥などがある場合やサービスの質に問題がある場合に、単価を切下げることから生じた掛代金の減額分をいいます。会計上、売上値引は売上高から、仕入値引は仕入高から控除して処理します。

・割戻
　　製商品やサービスの量が、一定期間中に所定の金額や数量を超えて取引を行う場合に、その代金を安くすることから生じた掛代金の減額分をいいます。リベートやボリューム・ディスカウントと呼ばれることもあります。会計上、売上割戻は売上高から、仕入割戻は仕入高から控除して処理します。

第４章 営業活動に関する前期比較の方法① ―売上債権、仕入債務、売上高、仕入高―

　・**割引**
　　支払期限以前に支払があった場合に、その早まった期間に応じて、その金利相当分を掛代金から減額することをいいます。もともと、掛代金の中には代金を後払いする期間に応じた利息が含まれていると考えられるため、免除額は金利の性格を有するということで、会計上、売上割引は営業外費用として、仕入割引は営業外収益として処理します。

⑥　棚卸資産評価損の計上

　棚卸資産は、販売されることによって将来の収益を生み出すことになりますが、将来販売されても投資資金が回収できない場合もあります。つまり、100円の商品が50円でしか売れなくなるような状況です。これを棚卸資産の収益性の低下といいます。

　収益性の低下が起こる原因は様々ですが、大きく分けて以下のような原因があると考えられます。

（ⅰ）　物理的な劣化

（ⅱ）　経済的な劣化

（ⅲ）　市場の需給変化

※　(ⅱ)と(ⅲ)の区分は明確でないこともあります。

　上記のいずれも、収益性が低下しているということで、会計上棚卸資産について簿価を切り下げて、評価損を認識しなければならないということになります。

　注意すべき点は、この評価損は販売活動を行う上で不可避的に発生したものであるため、原則として売上原価に含まれて処理することになっているということです。したがって、棚卸資産評価損が多額に計上されることになると、売上総利益率は低下します。詳しくは企業会計基準第９号「棚卸資産の評価に関する会計基準」をご参考ください。

66

3 売上総利益率が変動する原因
（異常な原因例）

売上総利益率を前期比較する上で気を付けなければいけないのは、異常な原因によって売上総利益率が変動するケースです。「おかしな数字」を見抜くためには、どのような異常な原因があって、売上総利益率が変動するかを知っておく必要があります。

① 売上高・売上原価の未計上もしくは過大・過小計上

当然、売上高と売上原価に重要な計上ミスがあれば、売上総利益率が変動します。決算書が正しいことを前提に前期比較する場合は、売上総利益率が正常な原因で変動する事例のみ知っておけば十分ですが、決算書が誤っている可能性もありますので、こうしたミス（場合によっては意図的に行われる不正）を考慮して前期比較することが必要です。

② 棚卸資産の過大計上

不正会計の観点から最も注意すべき点は、棚卸資産の過大計上です。過大計上の方法として、架空計上と過大評価があります。架空計上とは、存在しない棚卸資産を存在するものとして計上することで、過大評価とは、数量を架空計上するのではなく、単価を吊り上げて棚卸資産を増加したように見せかけるやり方です。棚卸資産を架空計上や過大評価すると、その分売上原価が小さくなります。これにより売上総利益が増加し、売上総利益率も上昇することになります。なぜ売上原価が小さくなるかを理解するためには、複式簿記を学ぶ必要があります。

【参考】ボックス図

　複式簿記では、1つの取引を借方と貸方に分けて、それぞれ勘定科目と金額を仕訳として記録していきます。1つの勘定科目には、借方（左側）と貸方（右側）に金額が集計されることになります。その数値をボックスに集計したものを、ボックス図と呼び、勘定分析などに利用されます。

　たとえば、商品勘定であれば、期首残高50円、当期仕入高350円、売上原価380円、期末残高20円だとすると、

商品勘定

（借方）			（貸方）
期首残高	50	商品売上原価	380
当期仕入高	350	期末残高	20

と集計されることになります。

　複式簿記の性質上、借方合計と貸方合計はともに400円となり、必ず一致します。

　なお、一般的な増減明細表のような形で表現すると、

	期首残高	増加額	減少額	期末残高
商品勘定	50	350	380	20

となりますが、ボックス図のように借方合計と貸方合計の整合性を確認することができないため、ボックス図を使った勘定分析は優れているといえます。

　ここで、期末残高を20円ではなく50円と評価したとします。

商品勘定

（借方）			（貸方）
期首残高	50	商品売上原価	350
当期仕入高	350	期末残高	50

　借方の金額が確定しているとすれば、貸方で調整せざるを得ず、結果として売上原価を350円に減らすことになります。

　つまり、商品の期末残高を増やすことで、商品売上原価を減少させることになるというわけです。

コラム　私が経験した粉飾決算～棚卸資産の過大計上

　私が新人会計士だったころ、ある上場会社の子会社（メーカー）の監査を行うことになりました。最初に実施したのは、子会社の決算概況についてのヒアリングです。前期と当期の決算の変動について、経理部長から説明を受けました。

　そのとき、上司が経理部長に「前期と比較し売上総利益率が非常に上昇していますが、原因は何でしょうか。」と確認しました。すると、「コスト削減活動を継続してきましたので、その原価低減効果によるものです。」という趣旨の回答でした。上司は私に「売上高が低下している中で、前期レベルの利益をよく確保できたな。」と言いながら、「こういう時は気を付けて監査した方がいいぞ。」と耳打ちしました。

　様々な状況に鑑み、製品の原価と売価を1点ずつ確認するのは効果的・効率的ではないと判断し、期末の製品在庫の計上金額が適切かどうかに絞って監査を行うことになりました。

　期末製品の原価計算をサンプルでチェックすると、その材料費の根拠となる請求書の金額がすべて10倍になって材料費が計上されていることがわかりました。この会社は総合原価計算を採用していたため、期末製品の評価が過大計上されると、売上原価はその分過小計上となるのです。

　すべては社長の指示で、その目的は前期レベルでの利益確保でした。衝撃的だったのは、請求書の金額が鉛筆で修正され、その横に10倍の金額で記載されていたことです。

　「チェックされるとすぐばれると思わなかったのか……」

　意外にも単純な方法で粉飾は行われるのだ、ということを学んだ出来事でした。

③　売上割戻・仕入割戻の未計上もしくは架空計上

　売上割戻や仕入割戻を計上しなかったり、架空計上したりすると売上高や売上原価を誤ることになります。これらが多額になると、売上総利益率に影響がでます。

　注意すべきは、売上総利益率が上昇したように見せるために、売上割戻を計上しないケースと仕入割戻を架空計上するケースです。売上割戻を計上しないということは、売上高をその分減少させないことになり、仕入割戻を架空計上することは、その分仕入高を減少させることになります。特に仕入割戻については、仕入割戻があることを装い、

（借）未収入金　　×××　／　（貸）仕入割戻　　×××

という仕訳を起こし、あとで未収入金が回収されないことで、仕入割戻が架空計上であったことが判明することがあります。

　したがって、原因不明の売上総利益率の上昇がみられたときには、仕入割戻の架空計上を疑うことも必要かもしれません。

④　売上高と売上原価の両建計上

　売上高の増加傾向を演出するため、売上高と売上原価を両建計上する粉飾があります。売上総利益自体は変わらないため、罪悪感も薄く発覚しづらいことから、利用しやすい方法ともいえます。

　売上高と売上原価を両建計上すると、売上総利益率は低下することになります。したがって、原因不明の売上総利益率の低下がみられたときには、この売上高と売上原価の両建計上の可能性も考えておく必要があります。

　具体的なやり方を見てみましょう。

Ⅲ 営業活動に関する損益計算書項目の前期比較

【例3】

以下の売上高・売上原価を想定します。

売上高	1,000
売上原価	700
売上総利益	300
売上総利益率	30%

これに売上高と売上原価をそれぞれ200増やすと、

売上高	1,200
売上原価	900
売上総利益	300
売上総利益率	25%

となり、売上総利益率は低下します。では、具体的にどのように実行するのでしょうか。

まず、A社とB社が次のような取引を行うとします。

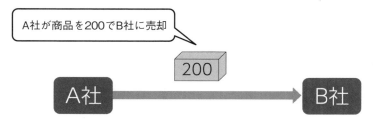

この取引に当社が割り込みます。

しかし、商品のやり取りはA社とB社で行いますが、契約書・注文

71

書や入出金は当社を通して行います。

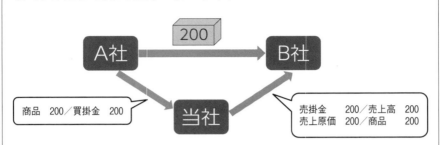

　すると、当社は利益を計上することはできませんが、資料の準備とお金を動かすだけで、売上高と売上原価の両建計上が可能となります。

　なお、新たに公表された企業会計基準第19号「収益認識に関する会計基準」では、上記のような場合、当社は仲介業者（代理人）としての取り扱いとなり、売上高と売上原価を両建計上することはできません。この会計基準が施行された場合には、当社が代理人ではなく本人として取り扱われるような方法をとって、売上高と売上原価を両建計上して粉飾することも想定してチェックする必要があるかもしれません。

⑤　循環取引

　循環取引とは、複数の企業が互いに通謀して商品の転売等を繰り返すことによって、資金融通や架空売上の計上を目的とする取引をいいます。

　循環取引にはいくつかのやり方がありますが、その特徴として、経営者や特定の事業部門責任者等により意図的に仕組まれるため、通常の取引と同様に見える場合が多いといえます。そのため、契約書や注文書といった

証憑類、資金決済、モノの移動、これらすべてが実際に存在し実行されることが多いと考えられています。

もう少し具体的に設例を使って説明します。

【例４】

当社とＡ社、Ｂ社、Ｃ社、Ｄ社が、ある商品を循環させることを通謀します。

当社は簿価100円の商品をＡ社に110円で販売します。ここで当社は売上高110円および売上原価100円を計上することになり、売上総利益10円を獲得します。その後、Ａ社はＢ社に120円で、Ｂ社はＣ社に130円で、Ｃ社はＤ社に140円で販売し、最終的に当社がＤ社から同じ商品を150円で購入することになります。

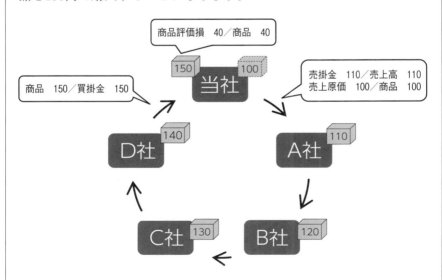

当社が、もしこの商品を150円以上で他社に販売できれば、この商品の収益性に問題はありませんが、販売できないのであれば、この商

品の評価損を計上しなければなりません。もともと、循環取引を行う
くらいですから、他社には150円以上で販売できるということは考え
づらいでしょう。

　そうすると、この商品は期末時点で売れ残るようであれば評価損が計
上され、販売されても赤字（売上総利益がマイナス）となるはずです。

　つまり、当初Ａ社に販売し売上総利益10円が計上されたとしても、
同水準での販売が可能として、評価損40円（売却可能価額を110円と
すると、150円－110円＝40円）もしくは売却損40円を計上すること
になり、結果として、この商品の売上総利益は、マイナス30円（＝10円
－40円）になります。

　このように、循環取引には、売上総利益率を低下させる特徴がある
ともいえるわけです。

　設例にみられるように、循環取引を行うと結局簿価以上で買戻さなけれ
ばならいため、負担が生じます。これは売上高を創出（架空計上ですが）
した対価を意味する場合と、販売から買戻す期間において資金を調達した
ことの金利負担を意味する場合とがあります（両方を含む場合もありま
す）。

　いずれの場合も、この負担は売上原価に含まれることになり、売上総利
益率を低下させることにつながります。

⑥　計上区分の誤り

　本来、営業外収益や特別利益である取引を売上高に計上したり、販売費
及び一般管理費や営業外費用である取引を売上原価として計上したり（ま
たはその逆）すると、売上総利益率が変動します。

まず、営業外収益や特別利益を売上高とするやり方の一例です。

自社で利用している機械装置（有形固定資産）を得意先にたまたま売却することになり、この機械装置の簿価を棚卸資産に振替える仕訳を起こします。すると、本来であれば固定資産売却益として特別利益（場合によっては営業外収益）となるところが、売上高および売上原価として計上されることになります。通常取引ではない取引が営業取引として処理されることになるため、売上総利益率に影響を与えてしまう可能性があります。これは意図的に粉飾として行われることもありますが、得意先への販売だからという理由などから、売上として会計処理できるのではないかと誤解して行われるケースもあります。

ボックス図を使った営業活動に関連する勘定科目の整理

1 売上債権と仕入債務、売上高と売上原価

　営業活動のうち、売上債権と仕入債務ならびに売上高と売上原価について、ボックス図を使って勘定科目の関係を整理してみます。このボックス図を使って勘定科目と金額を分析すると、決算書では直接明示されていない情報も得られる上、「おかしな数字」を発見することにも非常に効果的です。

　まず、これらの勘定科目の関係をみてみましょう。ここでは、売上債権は売掛金のみ、仕入債務は買掛金のみと考えます。

【例1】

　期首に売掛金432円、売上高（課税取引）800円、期末に216円の売掛金が残っているとします。これらの数値はすべて決算書から入手できる情報です。

X1年度
売掛金

期首残高	432	回収額	1,080
当期発生額	864	期末残高	216

売掛金勘定をボックス図で分析すると、売上高800円に8％の消費税等を加えた864円が当期発生額として計上され、借方と貸方の合計はそれぞれ1,296円となり一致するはずですので、回収額が1,080円であることが算定されます。この回収額は、キャッシュ・フロー計算書における営業活動によるキャッシュ・イン・フローということになりますが、間接法により作成されるキャッシュ・フロー計算書では、直接把握することのできない情報です。

　翌年度、売上高（課税取引）1,000円、期末に324円の売掛金が残っているとします。

X 2 年度
売掛金

| 期首残高 | 216 | 回収額 | 972 |
| 当期発生額 | 1,080 | 期末残高 | 324 |

　すると、同様に当期発生額1,080円、回収額972円が算定されます。

　もし、回収額が現金預金の変動と整合しないようであれば、売掛金に関して「おかしな数字」が紛れ込んでいる可能性があります。

　これらの情報を前期比較すると、次表のとおりです。

	X 1 年度	X 2 年度	増減
売　掛　金	216	324	＋108
売　上　高	800	1,000	＋200
回　収　額	1,080	972	△108

　ここから明らかになるのは、売掛金や売上高の増加は、必ずしも回収額の増加につながるわけではないということです。

　問題は、売掛金の増加と売上高の増加の関係に異常がないかどうか

です。これについては、次の回転期間分析の節で解説していきます。

　同様に買掛金勘定を分析してみましょう。

　期首に108円、期末に54円の買掛金が残っているとします。これらの数値も決算書から入手できる情報です。では、買掛金の当期発生額についての情報はどこから得られるでしょうか。

　決算書から直接は得られませんが、これも買掛金を使った取引に係る勘定科目をボックス図で分析することによって情報を得ることができます。

　たとえば、買掛金が発生する取引として、商品仕入を想定します（原材料仕入も考えられますが、ここでは割愛します）。期首に商品100円、期末に商品200円が残っているものとし、商品売上原価が600円とします。これらの数値もすべて決算書から入手できる情報です。すると商品仕入勘定は、次のようになります。

X1年度
商品

期首残高	100	商品売上原価	600
当期仕入高	700	期末残高	200

　なお当期商品仕入高は、財務諸表等規則に基づく単体の損益計算書では表示されますので、直接情報は得られます。

　当期の仕入高が700円ということは、買掛金の当期発生額は8％の消費税等を考慮すると、756円ということになります。

X1年度
買掛金

当期支払額	810	期首残高	108
期末残高	54	当期発生額	756

買掛金勘定をボックス図で分析すると、売掛金勘定と同様に算定し、当期支払額は810円ということがわかります。買掛金の当期支払額は、キャッシュ・フロー計算書における営業活動によるキャッシュ・アウト・フローということになりますが、間接法により作成されるキャッシュ・フロー計算書では、直接把握することのできない情報です。

　翌年度、商品仕入高（課税取引）800円、期末に216円の買掛金が残っているとします。

X2年度
買掛金

当期支払額	702	期首残高	54
期末残高	216	当期発生額	864

　すると、同様に当期発生額864円、支払額702円が算定されます。これらの情報を前期比較すると、次表のとおりです。

	X1年度	X2年度	増減
買　掛　金	54	216	＋162
商品仕入高	700	800	＋100
支　払　額	810	702	△108

　ここからも、買掛金と仕入高の増加が必ずしも支払額の増加につながるわけではないことがわかります。また、問題となるのは、買掛金の増加と仕入高の増加の関係に異常がないかという点であることは、先ほどと同様です。

第4章　営業活動に関する前期比較の方法①　―売上債権、仕入債務、売上高、仕入高―

② 原価計算が行われている場合の棚卸資産勘定

　原価計算が行われている場合、棚卸資産として原材料、仕掛品、製品という勘定科目が使用されます。この勘定科目の関係を知ることは、勘定科目間の整合性を検証する上で重要であり、前期比較を行う上でも分析を助けてくれることでしょう。

　簡単な勘定科目の連絡図を使って解説します。

【例2】

　原材料、仕掛品、製品という勘定科目の関係を示したのが、以下のボックス図です。

　この勘定科目の流れを示したボックス図を「勘定連絡図」と呼ぶことがあります。以下の数値は、決算書本表から得られるデータもあれば、本表からは得られませんが、製造原価明細書から得られるデータもあります。

　下記に示した項目以外に、「原価差異」「評価損」「他勘定振替高」という項目も登場することがありますが、詳しくは原価計算の知識が必要となります。

原材料

期首残高	200	材料費	1,900
当期材料仕入高	2,000	期末残高	300

80

Ⅳ　ボックス図を使った営業活動に関連する勘定科目の整理

仕掛品

期首残高　　　　　100	当期製品製造原価　　　6,900
当期製造費用 　材料費　　　1,900 　労務費　　　4,000 　経費　　　　1,100	期末残高　　　　　200

製品

期首残高　　　　　100	製品売上原価　　　6,800
当期製品製造原価　　　6,900	期末残高　　　　　200

　原材料、仕掛品、製品を１つの棚卸資産勘定に集計すると、次のようなボックス図となります。

棚卸資産（原材料、仕掛品、製品）

期首残高 　原材料　　　200 　仕掛品　　　100 　製品　　　　100	製品売上原価　　　6,800
当期材料仕入高　2,000 　労務費　　　4,000 　経費　　　　1,100	期末残高 　原材料　　　300 　仕掛品　　　200 　製品　　　　200

V

非常に有効な回転期間分析

① 貸借対照表項目と損益計算書項目の関係を分析する

　売上債権が増加していれば、売上高が増加していると読むのが通常です。しかし、どれくらいの割合で増加していれば異常がないといえるのでしょうか。次に意識しなければならないのは、この点です。

　この時、非常に有効な分析方法は、回転期間分析です。回転期間とは、資産や負債の残高の妥当性を検証するために、これらに対応する損益が発生する期間の何期間分に相当する残高となっているかを算定するものです。

　たとえば、売上債権の期末残高が妥当なものであるかどうかを検証するために、売上高の何ヵ月分が残高として計上されているかを算定するということです。

　では、売上高の何ヵ月分の売上債権が残高となっていれば妥当であるといえるのでしょうか。次に、営業活動に関係する回転期間の算定方法を見てみましょう。

V　非常に有効な回転期間分析

2　回転期間算定式

回転期間は以下のようにして算定します。

●基本形

回転期間（月）
$$\frac{貸借対照表項目の期末残高}{年間損益 \div 12 ヵ月}$$

回転期間（日）
$$\frac{貸借対照表項目の期末残高}{年間損益 \div 365 日}$$

●売上債権の回転期間（月）
$$\frac{売上債権}{年間売上高 \div 12 ヵ月}$$

●仕入債務の回転期間（月）
$$\frac{仕入債務}{年間仕入高 \div 12 ヵ月}$$

（注）財務分析で「年間仕入高」ではなく、「年間売上高」や「年間売上原価」が用いられることがありますが、仕入債務に直接対応するのは仕入高であるため、本書では「年間仕入高」を紹介しておきます。

●棚卸資産の回転期間（月）
$$\frac{棚卸資産}{年間売上原価 \div 12 ヵ月}$$

（注）財務分析で「年間売上原価」ではなく、「年間売上高」が用いられることがありますが、棚卸資産を売価である売上高に対応させるよ

83

第4章　営業活動に関する前期比較の方法①　―売上債権、仕入債務、売上高、仕入高―

> り、原価に対応させる方が合理的と考えるため、本書では「年間売
> 上原価」を紹介しておきます。

　このように算定される回転期間は、財務分析においては、資金繰りを分析するための資本効率指標として利用されることが通常です。これは決算書が正しく作られていることを前提とした見方であるといえるでしょう。

　本書のように、「決算書が正しく作成されているかを検証する」ことを目的として前期比較を行う場合は、回転期間自体に異常がないかを見抜かなければなりません。見抜くためには、対象となる企業の「あるべき回転期間」が把握されていないと、異常があるか否かはわからないということです。では、「あるべき回転期間」とは何でしょうか。

❸ 売上債権回転期間と決済条件

　たとえば、売上債権の回転期間が2ヵ月だったとします。これは2ヵ月分の売上高が期末時点で売上債権として残っているということを意味します。もし、年間を通して平均的に売上高が計上されているとすれば、期末時に残っている売上債権は、決算月とその前月の売上高分です。3月決算の場合、3月分と2月分の売上高分になります。そうすると、1月分の売上債権はすでに存在していないので、2ヵ月後には資金として回収されていることを意味します。

　つまり、回転期間は決済条件と整合しているということです。

　実務上、決済条件は1つではなく、取引先によって様々であるケースも

あり、同じ取引先でも取引内容や金額によって変わるケースも考えられますが、平均的な決済条件は把握できるはずです。これと回転期間を比較することによって、回転期間の異常を把握することは可能です。

　ここで注意点が1つあります。決済条件と回転期間をより整合させようとすると、消費税等も考慮して算定する必要があります。回転期間の分子である売上債権には、消費税等が含まれていますが、分母の売上高には含まれていません。異常値を感知する上で影響がなければ、気にする必要はありません。これは仕入債務についても同様です。

4　仕入債務回転期間と決済条件

　仕入債務についても売上債権と同様ですが、決済条件と整合させるためには、仕入債務の回転期間算定式の分母において仕入高を使用する必要がある点、また仕入高には、商品仕入高と材料仕入高などがあり、直接決算書から入手できない可能性がある点に注意してください。ボックス図を使った情報整理により算出できるかもしれませんので、可能な限り分析の精度を上げてみましょう。

5　棚卸資産回転期間と保有期間

　棚卸資産については、決済条件というものは存在しないため、「棚卸資

産が使用したり販売したりしてなくなるまでの期間（以下、保有期間といいます）」を考慮しつつ、回転期間をとらえることが必要です。

棚卸資産勘定のみで、あるべき保有期間をイメージするのは難しいかもしれません。棚卸資産の種類ごとに、原材料の保有期間は1ヵ月、商品は0.5ヵ月などの様に把握しておくべきでしょう。より具体的に、主要内訳明細ごとに保有期間を把握しておくことが適切であることもあるかもしれません。この点、分析の精度をどこまで上げるか、分析時間とコストをどこまで掛けることができるか、などによっても分析レベルは変わってきます。

保有期間は、棚卸資産が購入・製造されてから販売されるまでの期間を意味し、その間は資金が拘束されることになります。したがって、その期間が長引くことは資金繰りにおいて望ましいことではありません。その一方で、棚卸資産を保有していなければ、販売機会を逃し、適時生産ができなくなります。結局、棚卸資産の保有期間はどれくらいが適正なのか、ということを経営的にも意識しなければならないはずです。

この経営的に意識すべき保有期間をイメージしながら、棚卸資産の回転期間を分析することが、1つの重要な見方ということになります。

V 非常に有効な回転期間分析

【参考】CCC（Cash Conversion Cycle：キャッシュ・コンバージョン・サイクル）

　　CCC とは、仕入から販売に伴う現金回収までの期間を表し、以下のように算出します。

　　CCC ＝売上債権回転期間＋棚卸資産回転期間－仕入債務回転期間

仕入	⇒	販売	⇒	入金
棚卸資産回転期間		売上債権回転期間		
仕入債務回転期間		CCC ＝運転資金必要期間		

　　CCC は日数で計算されることが一般的で、その期間が短いほど資金繰りが良いことを意味します。

回転期間の変動原因

1 売上債権回転期間の変動原因

　前期比較し、売上債権回転期間に変動があった場合、何が原因であると考えられるでしょうか。

　原因としては、主に次のようなことが考えられます。

① **大口顧客の決済条件の変更**

　たとえば、決済条件が「月末締め翌月末入金」から「月末締め翌々月入金」に変更されると、回転期間は約1ヵ月延びることになります。

　自社を分析する場合は、決済条件に関する方法は得られますが、外部の企業を分析する場合は知り得ません。業界情報などを入手することにより確認できることがあります。

② **決算月に売上が集中**

　回転期間は1ヵ月当たりの平均売上高を使って算定しますが、期末に近い時期に売上高が増えるほど売上債権の残高は増加し、回転期間は長く算定されてしまいます。

　3月決算の企業で、年間売上高が120億円、売掛金20億円だとすると、

回転期間は2ヵ月となります（＝20億円／（120億円÷12ヵ月））。

　しかし、同じ年間売上高が120億円でも、次のように売上高が計上されていると、決済条件に変更はなくても回転期間は伸びることになるので注意が必要です。

	1月	2月	3月	合計
売上高	5億円	5億円	20億円	120億円
売上債権残高	10億円	20億円	25億円	－

　なお、この場合の売上債権回転期間は、2.5ヵ月（＝25億円／（120億円÷12ヵ月））となります。

　逆に、決算月に売上が集中せず、他月に比べ減少するようなことになれば、回転期間は短くなります。

　したがって、回転期間が変動した際には、売上計上時期・集中時期の有無を確認することも意識しておく必要があります。ただし、自社を分析する場合は、こうした情報を何らかの形で入手することは可能ですが、外部の企業を分析する際には、入手することは不可能です。他の情報から売上高の季節変動に関する情報を得ることで、ヒントになることがあります。

③　売上債権の滞留

　売上債権の回収が滞ると、回転期間は伸びることになります。

　自社を分析する場合は、どの得意先に対する売上債権が滞留しているのかを調べてみることが必要です。この時、得意先である債務者の状況によっては、売上債権を貸倒懸念債権や破産更生債権等に区分して、個別に貸倒引当金を設定しているかどうかを確認してみる必要があります。

第4章　営業活動に関する前期比較の方法①　―売上債権、仕入債務、売上高、仕入高―

【参考】債権区分と貸倒見積高の算定方法

債権の区分	債務者の状況	貸倒見積高の算定方法
一般債権	経営状態に重要な問題が生じていない。	貸倒実績率法 　一般債権に区分された債権全体または同種・同類の債権ごとに、債権の状況に応じて求めた過去の貸倒実績率等合理的な基準により算定するもの。
貸倒懸念債権	経営破綻の状態には至っていないが、債務の弁済に重要な問題が生じているかまたはその可能性が高い。	財務内容評価法または、キャッシュ・フロー見積法 　キャッシュ・フロー見積法とは、債権の元本および利息について元本の回収および利息の受取が見込まれる時から当期末までの期間にわたり、当初の約定利子率で割り引いた金額の総額と債権の帳簿価額との差額を貸倒見積高とする方法。
破産更生債権等	経営破綻または実質的に経営破綻に陥っている。	財務内容評価法 　債権額から担保の処分見積額および保証による回収見込額を減額した残高について、債務者の支払能力を総合的に判断して、貸倒見積高を算定する方法。

　外部の企業を分析する際には、貸倒引当金との関係をチェックしてみます。

【例1】

　前期と当期の貸借対照表の売上債権と貸倒引当金、損益計算書の売上高は、次の通りです。なお、売上計上のタイミング（季節変動や売上計上基準など）について、前期と当期で特に違いはないものとします。

	前期	当期
売上高	12,000	12,000
売上債権	1,000	1,200
回転期間	1ヵ月	1.2ヵ月
貸倒引当金	10	12
貸倒引当金÷売上債権	0.01	0.01

　回転期間は0.2ヵ月延びていますが、貸倒引当金の売上債権に対する割合は変化していません。前期同様の売上計上であるならば、200だけ売上債権が滞留しているような状況であった場合に、このような数値が現れることがあります。なぜこの200の売上債権について、個別に貸倒引当金を設定する必要がないのかを確認する必要があります。

　【例1】のように、売上債権回転期間が長くなっているにもかかわらず、貸倒引当金の売上債権に対する割合が不変もしくは低下している場合は、注意が必要です。回転期間が長くなる原因の1つに滞留があり、滞留があるということは、貸倒引当金はむしろ多くなるはずです。

④　売上早期計上

　得意先がまだ商品等の検収を行っていないにもかかわらず、売上を早期に計上してしまうと、当該売上債権は回収遅延となる可能性があります。

　締日の関係で得意先の検収が1月遅れることにより、入金がその分遅れることもありますが、そもそも売上計上が早すぎたということも考えられます。

　つまり、売上計上時期を早期にしてしまったために、売上債権の回収が遅れ、回転期間が長くなるということです。なぜ売上を早期計上することになったのか、背景を探ることが重要です。

第4章　営業活動に関する前期比較の方法①　―売上債権、仕入債務、売上高、仕入高―

コラム　売上債権の回収遅延から売上早期計上を見抜く

　私は、ある3月決算の会社の会計監査を行った際、売掛金の残高を検証するために、サンプルで得意先に対する売掛金の回収チェックを行っていました。すると、期日になっても回収されない取引先がありました。結局1ヵ月遅れて回収されることになったのですが、なぜ1ヵ月遅れての入金なのか、頭に引っ掛かるものがありました。なぜなら、その取引先というのが資金繰りに問題があったり、支払を失念することがあったりするような会社とは思えない、一流上場企業だったためです。

　1ヵ月入金が遅延した原因を調べるために、売上計上の根拠資料である出荷伝票や請求書（控え）のデータを確認したところ、出荷日は3月末であったにもかかわらず、請求書（控え）では、4月出荷分と同じ決済日が記録されていたのです。

　「なぜ出荷伝票の出荷日データと請求データの決済日が連動していないのでしょうか。」と確認したところ、担当者は「3月に売上が欲しかったため、4月出荷分を3月中に出荷したことにして売上計上してしまいました。得意先には迷惑をかけられないので、請求書は4月分として発行しました。」と打ち明けました。

　売上債権の回収遅延は、得意先の資金繰りや支払失念のみによって起こる現象ではなく、売上を計上する側の問題である可能性もあるのだと知った出来事でした。

⑤　売上架空計上

　売上の早期計上のケースと似ていますが、そもそも売上自体が存在していない場合も、当然に売上債権は回収されず、残高として残ってしまうことになり、回転期間が長くなる原因となります。しかし、売上架空計上が

当期ではなく過年度に行われていたとすれば、前期比較しても回転期間に変化は生じないことになります。

そこで有効になるのは、先にも述べた決済条件との比較です。

決済条件と比較して回転期間が長い場合は、滞留債権の存在を認識し、その滞留原因の１つとして架空計上された売上債権の存在も想定すべきです。

実際に、回転期間のみで売上架空計上を発見することは困難なケースが多いですが、別の分析とあわせて検討すると不正会計発見につながる可能性も高まります。その分析については、後程解説します。

売上債権回転期間において、最も注意すべき原因といえるでしょう。

⑥　売上債権の消込失念

売上債権が回収されているにもかかわらず帳簿上消込むのを失念すると、売上債権が残ってしまい、回転期間に影響することがあります。入金時に本当は売上債権を消込まなければならないところ、前受金として処理してしまうようなミスが考えられます。

仕入債務回転期間の変動原因

仕入債務についても、売上債権と同様の見方で変動要因が考えられます。

①　大口顧客の決済条件の変更

売上債権と同様に、決済条件が変われば回転期間は影響を受けます。

② 決算月に仕入が集中

これも同様です。年間の仕入高は変わらなくても、仕入の季節変動によって回転期間は変動することになります。

③ 仕入債務の滞留

仕入債務の支払が滞ると回転期間は長くなります。売上債権の場合と異なるのは、滞留する原因が取引先にあるのではなく、自社にあるということです。

回転期間が長くなった場合は、支払を失念している仕入先がないかどうかを調査することも必要です。

④ 仕入未計上

仕入の場合は、不正の観点から見ると、未計上に留意する必要があります。

材料仕入や商品仕入の未計上だけではなく、製造費用となる外注加工費の未計上も考えておく必要があります。

これらの相手勘定として、仕入債務が計上されなければ、仕入債務の回転期間が短くなったように見えます。つまり、仕入債務の回転期間の短縮は、仕入未計上が原因で起こる1つの現象であるわけです。

【参考】負債の網羅性検証と回転期間

　会計監査上、「資産は実在性、負債は網羅性を重視して監査せよ」といわれます。

　これは、実在すると思った資産が無かったり、無いと思った負債が実は存在したりすると、純資産を減少させて修正しなければならないこととなり、（利益を期待する）利害関係者に与える影響がより大きくなると考えられるからです。

　資産の実在性を検証することは比較的実施しやすいのですが、難しいのは負債の網羅性を検証することです。「貸借対照表に計上されていない負債が他にないか。」を検証するために、具体的に何を実施すればよいのか、現実的にとり得る方法というのは、なかなか思い付かないものです。

　そこで、負債の網羅性を検証する１つの方法として、回転期間分析を利用します。負債について回転期間分析することで、あるべき負債残高が過小になっていないか、異常を感じる１つの兆候を得るわけです。

　たとえば、仕入債務の回転期間が、通常３ヵ月程度であるにもかかわらず、２ヵ月と短くなったとします。そのときには、「支払が早くなったのか。」と考えるとともに、「仕入債務の計上漏れはないか。」ということも考慮しなければなりません。

　会計監査上、負債の網羅性の検証は、常に意識しておかなければならないのです。

③ 棚卸資産回転期間の変動原因

　棚卸資産についても、回転期間が変動する原因をみてみましょう。

　棚卸資産回転期間は、対象となる企業の行っているビジネスや固有の生産体制の影響を強く受けますので、その変動原因は一律に語ることはできませんが、以下では一般的で主な原因についてのみ取り上げます。

　その前に、棚卸資産の「保有期間」を再度確認しておきます。勘定連絡図も参照してください。

第4章　営業活動に関する前期比較の方法①　―売上債権、仕入債務、売上高、仕入高―

●商品

商品仕入　➡　保管　➡　商品販売

保管期間

●材料

材料仕入　➡　保管　➡　材料消費

保管期間

●　仕掛品

仕掛品発生　➡　製造　➡　完成　➡　製品勘定への振替
（工程投入）

材料消費

労務費発生

経費発生

保管期間

●製品

製品完成　➡　保管　➡　販売

保管期間

---

①　製造や仕入のタイミングの変化

　売上債権や仕入債務と同様に、期末に近い時期に集中して製造や材料・

商品仕入を増やすと棚卸資産の残高は増加し、回転期間は長く算定されてしまいます。

　注意すべき点は、前期比較し、なぜ当期は期末に近い時期に集中して製造や仕入を行ったのかということです。これは、将来の需要増に対応したものと考えられるならば、好ましい回転期間の延びということになります。しかし、次に説明する滞留が原因であるならば、好ましい回転期間の延びということにはなりません。

　回転期間が長くなったり短くなったりすることで、会社の状況の良し悪しを判断しづらいのが、棚卸資産の回転期間分析ともいえるでしょう。ただし、回転期間が長くなることは、その分、資金が拘束される期間が長くなります。

　もう１つの注意点は、製造を行っている場合には、投資活動とあわせて回転期間を捉えるということです。

　生産設備の増加と棚卸資産回転期間はどのように関係しているのか、という意識を持って分析します。生産設備の増加で生産効率が上がれば、棚卸資産保有量を減らすことにつながるかもしれませんし、生産能力増大により在庫投入量を拡大する方針となるかもしれません。

②　棚卸資産の過大計上

　売上総利益率の異常は、変動要因の１つとしてすでに説明しました。棚卸資産が過大計上されると、売上原価が過小となり売上総利益率が上昇します。また、棚卸資産回転期間は長くなります。

　棚卸資産の過大計上には、数量自体を架空計上するやり方と単価を吊り上げるやり方、そしてこれらを混合したやり方があると説明しましたが、これらを見抜くためには、棚卸資産の実地棚卸方法を把握し、実施結果に

問題がないかを調査したり、棚卸資産の単価マスターに問題がないかのシステム調査を行ったりする必要があります。

③　棚卸資産の滞留

棚卸資産が滞留すると、回転期間は長くなります。問題はその滞留原因です。

需要増を見込んでの在庫の積み増しであれば問題ありませんが、その在庫が売れなくなっての滞留であれば、評価損を計上する必要が出てきます。

回転期間が長くなったときには、棚卸資産年齢表のデータ入手を試みましょう。

棚卸資産回転期間が長くなった場合に、最も注意しなければならない原因の１つです。

④　多額の棚卸資産評価損の計上

棚卸資産の収益性低下により、多額の棚卸資産評価損を計上し、棚卸資産の簿価を切下げて回転期間分析を行ったとすると、前期と比較し回転期間が変動する可能性があります。それは、分母は棚卸資産評価損が含まれた売上原価、分子は簿価切下げ後の棚卸資産で算定することになるためです。

外部の企業を決算書のみで分析する際は、棚卸資産回転期間に変動があった場合、多額の滞留があり棚卸資産評価損を計上したことによる影響があることも考慮する必要があります。

第5章

営業活動に関する
前期比較の方法②
―その他流動資産・負債、
販売費及び一般管理費―

I

販売費及び一般管理費に関連する貸借対照表項目の前期比較

① 未払金、未払費用、預り金、賞与引当金

　販売費及び一般管理費に関連する貸借対照表項目として、未払金、未払費用、預り金、賞与引当金、退職給付引当金などがあげられます。

　前期比較を行う場合は、「貸借対照表から読む」と述べましたが、販売費及び一般管理費については、貸借対照表項目の増減から、損益計算書の販売費及び一般管理費をイメージすることは困難です。さらに、製造を行い、かつ原価計算制度を採用している企業においては、製造費用にも販売費及び一般管理費と同様の勘定科目があります。そうすると、貸借対照表項目の増減のうち、一部が販売費及び一般管理費、もう一部が製造費用となり、貸借対照表項目の増減からこれらをイメージするのは、ほぼ不可能です。

　そこで、販売費及び一般管理費については、売上高や売上原価とはまた違ったアプローチで前期比較することになります。

101

第5章　営業活動に関する前期比較の方法②　―その他流動資産・負債、販売費及び一般管理費―

【参考】貸借対照表項目と主な販売費及び一般管理費

●販売費及び一般管理費の項目数に対して、対応する貸借対照表項目が少ない
ため、貸借対照表から損益計算書（販売費及び一般管理費）をイメージする
ことは難しい。

貸借対照表項目（例）	販売費及び一般管理費
未払報酬 （未払金・未払費用）	役員報酬
未払従業員給与 （未払金・未払費用）	従業員給与
賞与引当金	賞与引当金繰入額
退職給付引当金	退職給付費用
未払金	退職金
未払費用、預り金	法定福利費
未払金・未払費用	支払手数料
	通信費
	広告宣伝費
	通信費
	保険料
	水道光熱費
	賃借料
未払リース料 （未払金・未払費用）	リース料
有形・無形固定資産	減価償却費

2 従業員数の増減

　従業員数は、貸借対照表項目ではありませんが、前期比較を行う際は、
必須の情報ですので、取り上げます。

　従業員数が増減すれば、販売費及び一般管理費の人件費関連費用に影響

Ⅰ　販売費及び一般管理費に関連する貸借対照表項目の前期比較

が出るはずです。その主な勘定科目としては、次のものが考えられます。

従業員給与、賞与引当金繰入額、法定福利費（社会保険料など）

これ以外の、たとえば旅費交通費や福利厚生費等の勘定科目について
も、従業員が増減することによって間接的に影響を受けることが多いとい
えます。

自社の前期比較を行う場合は、従業員を給与水準別（たとえば職位別）
に分けて比較すると、より分析精度は高まります。

たとえば、従業員数が次のように増加した場合、販売費及び一般管理費
のうちの人件費にはどう影響するでしょうか。

【例】

前期と当期の従業員数、販売費及び一般管理費の従業員給与、法定
福利費が以下であった場合、どのように分析するでしょうか。

項目	前期	当期	増減
従業員数	100名	110名	＋10名
従業員給与	500,000千円	535,000千円	35,000千円
法定福利費	70,000千円	75,000千円	5,000千円

従業員数が10％増加しているのに対し、従業員給与は7％、法定福
利費は7.1％の増加です。

まず、従業員数の増減内容の概要を捉えます。つまり、10名増加は
純額であるため、増加と減少を把握します。

・増加　⇒　新人採用なのか中途採用なのか

・減少　⇒　定年退職なのか中途退職なのか

103

この内容によって、人件費に与える影響は変わってきます。

上記の場合、従業員数の増減内容は不明ですが、従業員数の増加割合（10％）に比して従業員給与の増加割合（7％）が低いということは、平均給与が下がったということです。新人採用の影響が大きいと思われます。

基本的な前期比較の方法として、従業員数の増加割合で人件費も増加しているとまず考えます。上記【例】でいえば、従業員給与は550,000千円、法定福利費は77,000千円になっているはず、という視点で見るということです。

しかし実際は、それより少ない増加となっています。それはなぜか、という見方をします。そこで、従業員の増加人員数および減少人員数のそれぞれのデータやその内容や時期を追加で調べるということです。

もし、従業員の増加人員数および減少人員数のデータが得られたならば、その増加と減少が期央に行われたと仮定し、年間の平均人員を使って当期の人件費を推定するという方法で前期比較するのがより適切です。

販売費及び一般管理費と売上高の関係と前期比較

1 変動費と固定費

　先にも若干触れましたが、販売費及び一般管理費には、売上高の増減に伴い変動する費用（いわゆる変動費）と、売上高の変動に関係なく固定的に発生する費用（いわゆる固定費）が存在します。

　もう少し厳密に説明すると、準変動費や準固定費といった性質の販売費及び一般管理費も多いかもしれません。

【参考】準変動費と準固定費

●準変動費
　販売量や生産量（操業度）が全くない状態でも、一定額が発生し、同時に販売量や生産量（操業度）が増加するにつれ、比例的に増加する費用をいいます。
　たとえば、水道光熱費は、使用量と関係なく毎月料金が発生する基本料金部分と、使用量に比例して料金が増加する従量制部分から構成されていますが、こうした性質の費用が準変動費です。「固定費＋変動費」といえます。

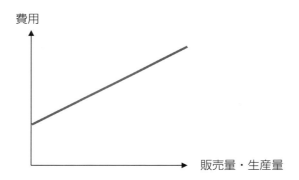

●準固定費

　ある販売量や生産量（操業度）の範囲内で費用は固定ですが、その範囲を超えると急増し、再び固定化するような費用をいいます。

　たとえば、事務所家賃はある従業員数までは固定ですが、収容人数を超えると床面積を拡大するために追加で契約する必要があります。すると、追加で家賃がかかることになります。床面積が拡大すると、またある程度の収容人数までは家賃は固定となります。

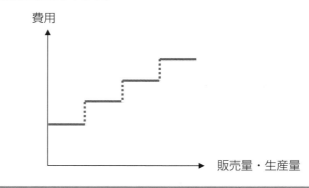

　ざっくりいうと、販売費及び一般管理費のうち販売費は売上高に連動する変動費であることが多く、一般管理費は固定費であることが多いと思われます。

　ただし、実務上は、きっちりと変動固定を区分できないことも多いため

（準変動費、準固定費の存在のため）、その点、頭の片隅に置いておく必要
はあるでしょう。

【参考】固変分解

　　過去のデータに基づき、変動費と固定費に分解する方法として、以下のもの
があります。

●費目別精査法（勘定科目精査法）
　勘定科目ごとに変動費か固定費か、精査して分解する方法。
　販売費を変動費、一般管理費を固定費とする方法は、この考え方によるもの。

●高低点法（数学的分解法）
　過去のデータから、費用について最高の生産量（操業度）の実績データと、
最低の生産量（操業度）の実績データを、直線的に推移すると仮定して、固定
費と変動費（直線の傾きに相当）を算出する方法。

●スキャッター・チャート法
　縦軸に費用、横軸に生産量（操業度）をとり、実績データを点で記入し、そ
れらの中心を通るように目分量で直線を引いて、固定費と変動費（直線の傾き
に相当）を算出する方法。

●回帰分析法（最小自乗法）
　縦軸に費用、横軸に生産量（操業度）をとり、実績データを点で記入し、そ
れらの実績データと直線との距離の合計が、最も小さくなるような直線を統計
的に求める方法。

第5章　営業活動に関する前期比較の方法②　―その他流動資産・負債、販売費及び一般管理費―

2 営業利益率の変動

　営業利益は、売上総利益から販売費及び一般管理費を引いたものです。販売費及び一般管理費が変動費と固定費から構成されている性質の費用であるとするなら、営業利益は売上高と連動して一定割合で変化するとは限りません。もし、販売費及び一般管理費が変動費のみであれば、売上総利益率と同様にほぼ一定になるはずです。

　つまり、営業利益率は売上高の増加に伴い上昇し、減少に伴い低下することになります。

II　販売費及び一般管理費と売上高の関係と前期比較

【例１】

　　売上総利益率40％で一定、販売費及び一般管理費の変動費部分は、
売上高の10％、固定費部分は10と仮定したとき、売上高、販売費及び
一般管理費が変化すると営業利益率はどのように変化するでしょうか。

売上高	100	120	200	300	400
売上原価	60	72	120	180	240
売上総利益	40	48	80	120	160
売上総利益率	40%	40%	40%	40%	40%
販管費	20	22	30	40	50
（変動費）	10	12	20	30	40
（固定費）	10	10	10	10	10
営業利益	20	26	50	80	110
営業利益率	20%	21.7%	25%	26.7%	27.5%

　営業利益率は、売上高の増加に伴って、上昇しているのがわかります。

　販売費及び一般管理費に固定費部分が含まれていることにより、営業利
益率は売上高が増加するにつれて上昇することになります。そのため、前
期比較する際、売上高が増加し売上総利益率がさほど変化しない中、営業
利益率が低下しているようなことがあれば、その原因を詳しく調査する必
要があります。

　もちろん、販売費及び一般管理費は、固定費部分を含むといっても、準
固定費の性質をもつ費用も存在します。売上高の増加に伴って急増した費
用がないかどうかを中心に、調べてみましょう。

109

税金費用に関連する貸借対照表項目の前期比較

1 税金費用に関連する貸借対照表

　税金費用とは、損益計算書の「法人税、住民税及び事業税」と「法人税等調整額」を合計したものをいいます。「法人税、住民税及び事業税」は、課税所得を基に計算される各種税金をいい、「法人税等調整額」は、税効果会計を適用することで出てくる損益計算書項目です。

　税金費用は、損益計算書では税引前当期純利益の下で記載される項目になりますが、営業活動に係る取引であるため、ここで取り上げることにします。

【参考】法人税、住民税及び事業税

税金の種類		納付先	内容	税金計算	法人税、住民税及び事業税に含まれるか？	納付
法人税	法人税	国	法人の課税所得などを課税標準として課せられる税金	課税所得×法人税率23.2% (中小法人以外の普通法人)	○	原則：事業年度終了の日の翌日から2ヵ月以内
	地方法人税	国		基準法人税額※×税率4.4% (2019年10月1日以後開始事業年度から10.3%に引き上げられる。) ※所得税額控除、外国税額控除等の規定を適用しない場合の法人税の額（附帯税を除く。)	○	

法人住民税	都道府県民税	都道府県	前年度の事業所得に課せられる税金	法人税割（法人税額×住民税率）＋均等割	法人税割 ：○	原則：事業年度終了の日の翌日から2ヵ月以内
	市町村税	市町村			均等割 ：○	
法人事業税	事業税	都道府県	法人の行う事業に対して、その事業の事務所又は事業所の所在する都道府県が課す税金	●資本金1億円以下の会社：所得割（課税所得×事業税率）	所得割 ：○	原則：事業年度終了の日の翌日から2ヵ月以内
				●資本金が1億円超の会社：所得割（課税所得×事業税率）＋資本割（資本金等の額×税率）＋付加価値割（（報酬給与＋支払利子＋支払家賃＋当期損益）×税率）	資本割 ：×	
					付加価値割：×	
	地方法人特別税	都道府県		基準法人所得割額又は基準法人収入割額※×67.4%（外形標準課税不適用法人の場合、43.2%）※標準税率により計算した法人事業税の所得割額又は収入割額	○	

この税金費用に対応する貸借対照表項目は、次のとおりです。

未払法人税等、未収法人税等、繰延税金資産、繰延税金負債

　これらの勘定科目の変動が、税金費用にどのように影響するか、次に見ていきます。

② 未払法人税等の変動

　貸借対照表に計上される未払法人税等は、確定納付時に支払うべき金額が計上されています。3月決算の企業であれば、5月の確定納付時に支払う金額ということです。

　未払法人税等が増加するということは、その事業年度の法人税、住民税

第5章　営業活動に関する前期比較の方法②　―その他流動資産・負債、販売費及び一般管理費―

及び事業税の金額も増加していると考えられますが、注意しなければならないのは中間納付です。

【参考】中間納付

●法人税の中間納付
　中間納付は、確定申告時に多額の法人税を支払う負担を軽減するために定められたものです。納付期限は中間期末より2ヵ月以内で、起業したての会社や前事業年度の法人税額が20万円以下の場合には中間納付の必要はありません。
　中間納付額の方法は、
・予定申告による中間納税（原則）
　　前事業年度に支払った法人税額のほぼ半分を中間納付額とするもの。
・仮決算による中間納税
　　中間期を一事業年度とみなして仮決算に基づいた納付税額とするもの。

●住民税や事業税の中間納付
　法人税の中間申告と同様の納付期限で、中間納付額の計算方法も前期実績の半分と仮決算の2つの方法があります。
　ただし、注意すべきは、法人税の中間申告にて採用した方法で住民税や事業税の中間申告を行うという点です。

　中間納付が行われると、期末時点の未払法人税等と法人税、住民税及び事業税（法人税等）との関係は、以下のようになります。

【例1】

　前期と当期の未払法人税等と法人税、住民税及び事業税（法人税等）が以下であった場合、どのように分析しますか。

項目	前期	当期	増減
未払法人税等	100	200	100
法人税等	200	300	100

112

ボックス図を使って勘定分析すると、確定している数値は、期首残高、期末残高、当期発生額です。差額は確定納付額と中間納付額であり、その合計は200になるということがわかります。確定納付額と前期の未払法人税等が一致していると仮定すると、中間納付額は100となり、前期の法人税等の半分と一致し、推定される中間納付額と整合していることがわかります。

未払法人税等

確定納付額	100	期首残高	100
中間納付額	100	当期発生額	300
期末残高	200		

　したがって、未払法人税等の変動と法人税等の変動は異常がないと分析できます。

　未払法人税等の変動と法人税、住民税及び事業税の変動は、連動してはいますが、その変動割合は同じになるとは限りません。これは、【例1】のボックス図を見るとわかるように、中間納付が影響していることが読みとれます。

③　繰延税金資産及び繰延税金負債の変動

　繰延税金資産や繰延税金負債の変動は、関連する損益計算書項目である法人税等調整額の変動とどのように関連するかについては、税効果会計と法人税法を理解する必要があります。

第5章　営業活動に関する前期比較の方法②　―その他流動資産・負債、販売費及び一般管理費―

　ここでは、税効果会計と法人税法について、詳細に解説することはできないため、前期比較をする上でもっとも重要な点のみ、取り上げてみます。

　繰延税金資産・負債は、会計上の資産または負債と税務上の資産または負債に差異（一時差異といいます）がある場合、法人税等を適切に期間配分することにより、税引前当期純利益と法人税等を合理的に対応させるために生じる資産または負債をいいます。

【例2】

　会計上の棚卸資産は100、税務上の棚卸資産は150とします。

　この棚卸資産が販売されて売上原価に変わったとき、会計上売上原価は100、税務上は150となり、税務上の売上原価（つまり損金）は、50だけ大きくなります。するとその分課税所得が50減ることになるため、この50に係る法人税等15（法定実効税率が30％とすると、50×30％＝15）が税金を減らす効果を持つ資産、すなわち繰延税金資産となります。

　なぜ、会計上の棚卸資産と税務上の棚卸資産に乖離が生じるかというと、たとえば、会計上は棚卸資産の評価損を計上しなければなりませんが、税務上はこの評価損を損金に算入することができないような場合、差異が生じることになるからです。この評価損が一時差異です。

　繰延税金資産・負債が計上される場合、通常相手勘定は法人税等調整額であり、損益に影響を与えます。しかし、損益に影響を与えないで繰延税金資産・負債が計上されるケースがあります。それは、棚卸評価損のよう

に費用計上されるものではなく、その他有価証券評価差額金のように資産の評価替えにより生じる評価差額が純資産に直接計上され、この差額に関して税効果がある場合です。

したがって、繰延税金資産・負債が増減する場合、法人税等調整額に影響を与えるものと、その他有価証券評価差額金に影響を与えるものとを分けて分析する必要があります。

【例3】

繰延税金資産の前期と当期の内訳は以下のとおりです。

項目	前期	当期	増減
繰延税金資産	100	200	100
繰延税金資産 （その他有価証券評価差額金）	50	10	△40
計	150	210	60

この時、繰延税金資産は前期比60増加となっていますが、法人税等調整額とは一致しません。その他有価証券評価差額金に関する繰延税金資産の変動が含まれるため、これを除いて分析する必要があります。

このケースの場合、損益計算書に計上される法人税等調整額は100（貸方）です。

税金費用に関連する損益計算書項目の前期比較

1 税金費用と法定実効税率

　先にも述べたように、法人税等を適切に期間配分することにより、税引前当期純利益と法人税等を合理的に対応させるために、繰延税金資産・負債を計上するのが税効果会計です。したがって、大雑把な言い方をしますと、基本的には、税引前当期純利益に法定実効税率を掛ければ、税金費用になるはずです。

【例1】

> 　税引前当期純利益が100、法定実効税率が30％とすると、当期純利益はいくらになるでしょうか。
> 　税金費用は30（＝100×30％）であるため、
> 　当期純利益は70（＝100－30）となるはずです。

　しかし、実際は交際費などといった一時差異以外の差異（一般的に永久差異と呼ばれています）、課税所得に関係なく課税される住民税の均等割、繰延税金資産に関する評価性引当額などが存在するため、税引前当期

純利益に実効税率を掛けたものと損益計算書上計上される税金費用とは一致しません。

そのため、重要になってくるのは、この差を分析した税率差異分析です。

 税率差異分析と前期比較

税率差異分析は、たとえば以下のように行います。

【例2】

損益計算書

税引前当期純利益	10,000
法人税、住民税及び事業税	2,800
法人税等調整額（借方）	500
当期純利益	6,700
実効税率	30％

税率差異を分析すると次のようになりました。

	金額 (a)	実効税率 (b)	税額(c) (＝(a)×(b))	差異率(d) (＝(c)÷(a))
税引前当期純利益	10,000	30％	3,000	30％
【永久差異】				
交際費	200		60	0.6％
受取配当金	△1,000		△300	△3％

【評価性引当額増減額】				
期首残高－期末残高			530	5.3%
【課税所得に関係なく課税される税額】				
均等割			20	0.2%
【実効税率と実際の税率との差異】				
事業税の不均一課税分			△10	△0.1%
【その他】				
端数				
クッション				
合計			3,300	33%
不明差異			－	－％
税金費用（法人税等合計）			3,300	33%

(法人税等
負担率)

法定実効税率が30％であれば、税金費用は3,000になるはずですが、実際に損益計算書に計上されているのは、3,300となっています。その主な原因は、次のとおりです。

・益金に算入されない受取配当金　1,000（税額ベースで300）

・評価性引当額の増加　530

税率差異分析を行うことで、なぜ「税引前当期純利益 × 法定実効税率」が税金費用と一致していないのかが明らかとなります。

たとえば、この税率差異分析結果を前期比較すると、以下のような事項が明らかとなります。

IV　税金費用に関連する損益計算書項目の前期比較

【例3】

　【例2】は前期のデータであり、当期のデータ（損益計算書）は、次のとおりでした。

税引前当期純利益	16,000
法人税、住民税及び事業税	4,200
法人税等調整額（貸方）	△200
当期純利益	12,000
実効税率	30％

項目	前期	当期	増減
税引前当期純利益	10,000	16,000	6,000
法人税、住民税及び事業税	2,800	4,200	1,400
法人税等調整額	500（借方）	200（貸方）	△700
法人税等合計	3,300	4,000	700
当期純利益	6,700	12,000	5,300
法人税等負担率	33％	25％	△8ポイント

　また、当期の税率差異を分析すると、以下のようになりました。

	金額 (a)	実効税率 (b)	税額(c) (=(a)×(b))	差異率(d) (=(c)÷(a))
税引前当期純利益	16,000	30％	4,800	30％
【永久差異】				
交際費	250		75	0.6％
受取配当金	△1,000		△300	△3％
【評価性引当額増減額】				
期首残高－期末残高			△580	3.6％
【課税所得に関係なく課 税される税額】				
均等割			20	0.2％
【実効税率と実際の税率 との差異】				

119

第5章　営業活動に関する前期比較の方法②　―その他流動資産・負債、販売費及び一般管理費―

事業税の不均一課税分			△15	△0.1%
【その他】				
端数				
クッション				
合計			4,000	25%
不明差異			－	－％
税金費用 （法人税等合計）			3,300	33%

（法人税等
負担率）

　上記の分析結果を受けて、税率差異の前期比較を行います。以下では、税額ベースの数値を用いています。

差異項目	前期	当期	増減
【永久差異】			
交際費	60	75	15
受取配当金	△300	△300	0
【評価性引当額増減額】			
期首残高－期末残高	530	△580	△1,110
【課税所得に関係なく課税される 税額】			
均等割	20	20	0
【実効税率と実際の税率との差異】			
事業税の不均一課税分	△10	△15	△5
差異合計（税額ベース）	300	△800	△1,100

　なぜ、法人税等負担率が8ポイント低下したのか、税率差異分析の結果（税額ベース）を前期比較すると、主な原因は、評価性引当額が減少（つまり回収可能性があると判断された繰延税金資産が増加）したことであるとわかります。

　評価性引当額が減少した背景として、将来の十分な課税所得の発生が見込まれる環境となったことが想像できます。

120

第6章

投資活動に関する
前期比較の方法①
―有形・無形固定資産、減価償却費―

投資活動に関する貸借対照表項目の前期比較

1 投資活動に関連する勘定科目

貸借対照表において、投資活動に関連する主な勘定科目は次のとおりです。

●資産勘定
　（投資）有価証券、建物、建物附属設備、構築物、機械装置、車両運搬具、工具、器具及び備品、土地、リース資産（有形、無形）、建設仮勘定、特許権、借地権（地上権を含む。）、商標権、実用新案権、意匠権、鉱業権、漁業権（入漁権を含む。）、ソフトウェア、のれん　など
●負債勘定
　（設備）未払金、（設備）支払手形、リース債務　など

損益計算書において、投資活動に関連する主な勘定科目は次のとおりです。

●販売費及び一般管理費
　減価償却費、リース料　など
●営業外項目
　固定資産売却損益、受取利息、有価証券利息、受取配当金

●特別項目
　固定資産売却損益、固定資産除却損、減損損失

　投資活動においては、これらの勘定科目が相互に関連しあって変動していることを意識しましょう。

　第3章でみてきたように、まず貸借対照表に着目し、損益計算書をイメージするという見方で投資活動に関する項目の前期比較を行います。

　以下では、投資活動の中の設備関係を取り上げてみます。

2　有形・無形固定資産の増減

　有形固定資産とは、建物、建物附属設備、構築物、機械及び装置、車両運搬具、工具、器具及び備品、土地、リース資産、建設仮勘定といった固定資産をいいます。

　無形固定資産とは、特許権、借地権、商標権などといった法律上の権利や、ソフトウェア、のれんなどといった具体的な形をもたない固定資産をいいます。

　有形固定資産と無形固定資産は、投資により増加します。また売却や廃棄・除却により減少しますが、償却性資産についてはこれらを行わなくても、減価償却によって減少します。

　つまり、有形固定資産と無形固定資産の前期比較を行う際は、以下の増減項目を理解しておく必要があります。

I　投資活動に関する貸借対照表項目の前期比較

	期首残高①	増加	減少				期末残高 ⑥=①+②-③-④-⑤-⑥
		取得②	売却③	除却・廃棄④	減価償却⑤	減損損失⑥	
有形固定資産	100	20	10	5	10		95
無形固定資産	50	10			12		48

　また、あわせて把握しておきたいことは、キャッシュやその他の資産・負債を伴う増加や減少かどうか、という点です。

　たとえば、減少についてみると、売却による減少はキャッシュもしくは未収入金といった債権（資産）の増加を伴いますが、減価償却はキャッシュもその他の資産も変動することはありません。減価償却費という費用が増加するのみです。これを非現金支出費用といいます。

コラム　減価償却と償却

　有形固定資産については、時の経過に応じて費用化することを減価償却（Depreciation）といい、無形固定資産については償却（Amortization）といいます。減価償却と償却は何が違うのでしょうか。

　もともと「償却」の意味は、資産の取得原価を将来にわたって費用配分するということです。この費用配分の意味が、有形固定資産と無形固定資産で若干異なっていることが、減価償却と償却の違いです。

　有形固定資産は、耐用年数に至るまで、徐々に物理的に劣化して価値が落ちると考えられます。つまり劣化分を耐用年数の期間に配分するということです。

　一方、無形固定資産は、物理的に劣化するということはありません。

③ 建設仮勘定、ソフトウェア仮勘定の増減

　有形固定資産と無形固定資産を前期比較する際、仮勘定の増減には留意する必要があります。有形固定資産の仮勘定とは、建設仮勘定といい、設備の建設のために支出した手付金や前渡金、建設のために取得した機械や資材などが含まれます。無形固定資産の仮勘定とは、ソフトウェア仮勘定といい、ソフトウェアの制作にかかった費用でまだ制作中のもの（製品マスターの制作原価など）が含まれます。

　これらの仮勘定には、「減少額＝本勘定の増加額」という性質があります。

　つまり、建設仮勘定の減少額は、建物や構築物といった本勘定の増加額に含まれ、ソフトウェア仮勘定の減少額は、ソフトウェアの増加額に含まれるということです。

【例1】

> 当期、建物が100、構築物が50増加し、期首残高150であった建設仮勘定が、当期100減少（建物へ50、構築物へ50）しました。
>
> なお、当期の減価償却費は、建物10、構築物15でした。
>
> 【固定資産増減明細】
>
> | | 期首残高 | 増加 | | 減少 | | | 期末残高 |
> |---|---|---|---|---|---|---|---|
> | | | 取得 | 仮勘定からの振替 | 売却 | 本勘定への振替 | 減価償却 | |
> | 建物 | 0 | 50 | 50 | | | 10 | 90 |
> | 構築物 | 0 | | 50 | | | 15 | 35 |
> | 建設仮勘定 | 150 | | | | 100 | | 50 |
> | 有形固定資産合計 | 150 | 50 | 100 | 0 | 100 | 25 | 175 |
>
> 建物の変動原因は、取得50、建設仮勘定からの振替50、減価償却費10
>
> 構築物の変動原因は、建設仮勘定からの振替50、減価償却費15
>
> となります。なお、建物の取得50は、増加額100から建設仮勘定からの振替50を引いた残りを当期の取得として算定したということです。

　【例1】からも明らかなように、有形固定資産が前期から当期にかけて25増加している原因は、固定資産増減明細をみると、増加150、減少125です。しかし、実態をよくみると、建設仮勘定の本勘定への振替えがあるため、増加（新規取得）50、減少（減価償却）25であることがわかります。

　前期比較の際は、こうした仮勘定の本勘定への振替については、留意して分析することが重要です。

投資活動に関する損益計算書項目の前期比較

1 減価償却費の増減

　減価償却とは、期間損益計算を適正に行うことを主たる目的として、合理的に決定された一定の方式に従い、毎期計画的、規則的に実施される固定資産の適正な原価配分をいいます。その原価配分により生じる費用が減価償却費です。

　有形・無形固定資産が増加すると、基本的には減価償却費は増加します。

　減価償却費の増加の仕方は、原価配分の方法、つまり減価償却の方法によって異なります。減価償却費を決定する取得価額以外の要素としては、次のものがあります。

　・減価償却方法
　・耐用年数
　・残存価額

　また、減価償却方法には、主なものとして、定額法、定率法、級数法、生産高比例法などがあります。

Ⅱ　投資活動に関する損益計算書項目の前期比較

【参考】減価償却方法

●定額法
　　固定資産の耐用期間中、毎期均等額の減価償却費を計上する方法。
　　減価償却費は、(取得価額－残存価額)×耐用年数 に応じて定められた
定額法の償却率で算定されます。

●定率法
　　固定資産の耐用期間中、毎期期首未償却残高に一定率を乗じた減価償却費
を計上する方法。
　　減価償却費は、前期末の帳簿価額(取得した年は(取得価額－残存価額))
×耐用年数 に応じて定められた定率法の償却率で算定されます。

●級数法
　　固定資産の耐用期間中、毎期一定の額を算術級数的に逓減した減価償却費
を計上する方法。
　　減価償却費は、前期末の帳簿価額(取得した年は(取得価額－残存価額))
×償却率 で算定され、その償却率として、次の算式を用います。

$$\frac{耐用年数－(経過年数－1)}{耐用年数×(耐用年数＋1)÷2}$$

　　なお、法人税法上、級数法は認められていないことから、実務での採用は
極めて限定されると考えられます。

●生産高比例法
　　固定資産の耐用期間中、毎期当該資産による生産又は用役の提供の度合に
比例した減価償却費を計上する方法。
　　減価償却費は、次の算式で算定されます。

$$(取得価額－残存価額)×\frac{当期利用量(時間)}{見積総利用量(時間)}$$

　　鉱業用設備、航空機、自動車等について適用することが認められます。

　会計上は、これらの減価償却方法の中から最適なものを選択し、継続し

129

て適用していくことになりますが、実務上税法の影響を受けやすいということがあります。

　最近では、税制改正により、平成28年４月１日以後に取得した有形・無形固定資産については、以下のように定められていることから、定額法が多くなっています。

【参考】税法上の減価償却方法

> 平成28年４月１日以後に取得した有形・無形固定資産の税務上の減価償却方法
> 　建物及び建物附属設備：定額法
> 　構築物：定額法
> 　機械装置、車両運搬具、工具器具備品：定額法または定率法
> 　無形固定資産：定額法
>
> ※法人の場合、機械装置、車両運搬具、工具器具備品については、定率法が法定されており、定額法等を採用する場合には、「減価償却資産の償却方法の届出書」を税務署に提出する必要があります。

② 定額法を前提とした前期比較

　適用される減価償却方法が定額法であれば、前期比較した場合、有形・無形固定資産自体に変動がなければ、毎期同額の減価償却費が計上されることになります。当然ですが、これは減価償却費が有形・無形固定資産の取得価額に対し、一定割合で生じることを意味します。

Ⅱ　投資活動に関する損益計算書項目の前期比較

定額法の場合、

$$\frac{\text{定額法による減価償却費}}{\text{有形・無形固定資産の\textbf{取得価額}}}$$

が一定となる。

　つまり、前期比較する際、定額法を選択している有形固定資産と無形固定資産（基本的に定額法）については、取得価額に前期の減価償却費割合（償却率）を乗じれば、当期の減価償却費が推定できるということです。

　貸借対照表を見たとき、取得価額と減価償却累計額が表示されていれば取得価額はわかりますが、その純額である帳簿価額しか表示されていない場合は、注記にある減価償却累計額を使うか、附属明細の固定資産増減明細から調べるかによって取得価額を使うことができます。

③ 定率法を前提とした前期比較

　適用される減価償却方法が定率法であれば、前期比較した場合、有形固定資産自体に変動がなければ、年度を経過するにつれて減価償却費が逓減していきます。

　したがって、定額法のように減価償却費は毎期一定額とはなりません。定率法による減価償却費は、有形固定資産の帳簿価額（取得価額－減価償却累計額）に対し、一定割合で生じることを意味します。

> 定率法の場合、
>
>
>
> が一定となる。

　前期比較する際、定率法を選択している有形固定資産については、帳簿価額に前期の減価償却費割合（償却率）を乗じれば、当期の減価償却費が推定できるということになります。

❹ 有形・無形固定資産の前期比較と減価償却費

　有形・無形固定資産の前期比較と減価償却費との関係について確認しておきましょう。

【例2】

> 　定額法と定率法の有形・無形固定資産の帳簿価額を前期比較すると、以下のとおりでした。なお、期中に有形・無形固定資産の取得や売却取引などは行っていません。
>
> | | 前期 | 当期 | 増減 |
> |---|---|---|---|
> | 定額法の有形・無形固定資産 | 800 | 600 | △200 |
> | 定率法の有形固定資産 | 1,000 | 900 | △100 |
> | 有形・無形固定資産　合計 | 1,800 | 1,500 | △300 |

有形・無形固定資産の合計について、期中に取得・売却取引がないため、当期の減少した300は減価償却費です。

まず、定率法の有形固定資産については、償却率は0.1（＝当期減価償却費100／期首帳簿価額1,000）となり、償却率表をみると耐用年数22年程度（平成19年３月31日まで取得の資産の場合）の資産が平均的に存在していることが想像できます[※]。

次に、定額法の有形・無形固定資産については、上記では帳簿価額のデータしかないため、償却率が算定できません。そこで、減価償却累計額を調べることが必要となります（外部からはなかなか知り得ないケースが多い）。

減価償却累計額が仮に200であったとすると、期首（前期）の帳簿価額800に、この200を加えて取得価額1,000を算出します。すると、定額法の償却率は0.2（＝当期減価償却費200／期首取得価額1,000）となり、償却率表をみると耐用年数５年程度の資産が平均的に存在していることが想像できます。

※　平成19年４月１日から平成24年３月31日までの間に取得された場合、250％定率法が、平成24年４月１日以降に取得された場合、200％定率法が法人税法上適用されることになったため、税法に従った減価償却方法を採用している企業においては、平成19年４月１日以降に取得している場合は、耐用年数の推定が上記例のように単純にはできないことになります。また、残存価額を０と仮定しているので注意しましょう。

上記の【例２】では、前期比較における減少原因を減価償却費のみとしました。前期比較する際、同様に期中に取得や売却等がなく、分析対象の企業の平均的な償却率が、もし事前にある程度分かっているとしたら、そ

133

れと比較し大きな変動がなければ前期比較に異常がないことも把握できることになります。

　以下では、有形・無形固定資産の前期比較について、さらに具体的に見ていきましょう。

Ⅱ　投資活動に関する損益計算書項目の前期比較

【参考】償却率表

耐用年数	2012 年（平成24年）4月1日～ 定率法（200%） 償却率	改定償却率	保証率	2007年（平成19年）4月1日～ 2012年（平成24年）3月31日 定率法（250%） 償却率	改定償却率	保証率	～2007年（平成19年）3月31日 旧定率法 償却率	2007年（平成19年）4月1日～ 定額法 償却率	～2007年（平成19年）3月31日 旧定額法 償却率
2	1.000			1.000			0.684	0.500	0.500
3	0.667	1.000	0.11089	0.833	1.000	0.02789	0.536	0.334	0.333
4	0.500	1.000	0.12499	0.625	1.000	0.05274	0.438	0.250	0.250
5	0.400	0.500	0.10800	0.500	1.000	0.06249	0.369	0.200	0.200
6	0.333	0.334	0.09911	0.417	0.500	0.05776	0.319	0.167	0.166
7	0.286	0.334	0.08680	0.357	0.500	0.05496	0.280	0.143	0.142
8	0.250	0.334	0.07909	0.313	0.334	0.05111	0.250	0.125	0.125
9	0.222	0.250	0.07126	0.278	0.334	0.04731	0.226	0.112	0.111
10	0.200	0.250	0.06552	0.250	0.334	0.04448	0.206	0.100	0.100
11	0.182	0.200	0.05992	0.227	0.250	0.04123	0.189	0.091	0.090
12	0.167	0.200	0.05566	0.208	0.250	0.03870	0.175	0.084	0.083
13	0.154	0.167	0.05180	0.192	0.200	0.03633	0.162	0.077	0.076
14	0.143	0.167	0.04854	0.179	0.200	0.03389	0.152	0.072	0.071
15	0.133	0.143	0.04565	0.167	0.200	0.03217	0.142	0.067	0.066
16	0.125	0.143	0.04294	0.156	0.167	0.03063	0.134	0.063	0.062
17	0.118	0.125	0.04038	0.147	0.167	0.02905	0.127	0.059	0.058
18	0.111	0.112	0.03884	0.139	0.143	0.02757	0.120	0.056	0.055
19	0.105	0.112	0.03693	0.132	0.143	0.02616	0.114	0.053	0.052
20	0.100	0.112	0.03486	0.125	0.143	0.02517	0.109	0.050	0.050
21	0.095	0.100	0.03335	0.119	0.125	0.02408	0.104	0.048	0.048
22	0.091	0.100	0.03182	0.114	0.125	0.02296	0.099	0.046	0.046
23	0.087	0.091	0.03052	0.109	0.112	0.02226	0.095	0.044	0.044
24	0.083	0.084	0.02969	0.104	0.112	0.02157	0.092	0.042	0.042
25	0.080	0.084	0.02841	0.100	0.112	0.02058	0.088	0.040	0.040
26	0.077	0.084	0.02716	0.096	0.100	0.01989	0.085	0.039	0.039
27	0.074	0.077	0.02624	0.093	0.100	0.01902	0.082	0.038	0.037
28	0.071	0.072	0.02568	0.089	0.091	0.01866	0.079	0.036	0.036
29	0.069	0.072	0.02463	0.086	0.091	0.01803	0.076	0.035	0.035
30	0.067	0.072	0.02366	0.083	0.084	0.01766	0.074	0.034	0.034

償却率を使った前期比較

 期中増減があった場合の前期比較

　通常、有形・無形固定資産は期中に取得や売却といった取引が行われます。したがって、帳簿価額ベースで前期比較して、たとえ増加していたとしても、単純に減価償却費が増加しているとは限りません。それは、期中の売却取引と取得取引を比べ、取得取引の方が多かっただけで、売却取引の対象となった資産の今までの減価償却費が多額であれば、年度の減価償却費が減少することも考えられます。

　つまり、有形・無形固定資産の前期比較については、増減のデータも把握した上で、減価償却費を前期比較する必要があるということです。

 期中増減があった場合の減価償却費

　以下、有価証券報告書に記載が求められる「有形固定資産等明細表」を使って、有形・無形固定資産が期中に取得や売却されたケースを取り上げ、減価償却費との関係をみていきましょう。

Ⅲ 償却率を使った前期比較

【例3】

　ある企業では、有形・無形固定資産の前期比較を行うと、次のように
なっていました。

(単位：千円)

	前期	当期	増減
建物	473,001	446,000	△27,001
構築物	3,380	3,000	△380
車両運搬具	11,323	11,395	72
工具器具備品	96,512	86,000	△10,512
土地	189,993	189,993	－
建設仮勘定	23,780	54,000	30,220
有形固定資産計	797,989	790,388	△7,601
ソフトウェア	48,800	82,240	33,440
電話加入権	22,131	22,131	－
無形固定資産計	70,931	104,371	33,440

　帳簿価額ベースでの増減だけでは、減価償却費への影響は不明であ
るため、以下のような有形・無形固定資産の増減を取得価額ベースで
記載した「有形固定資産等明細表」を入手し分析することとします。

(単位：千円)

資産の種類	当期首残高 (a)	当期増加額 (b)	当期減少額 (c)	当期末残高 (d) = (a)+(b)－(c)	期末減価償却 累計額又は 償却累計額(e)	当期償却額 (f)	差引当期末 残高 (d)－(e)
有形固定資産							
建物	1,134,000	10,000	2,000	1,142,000	696,000	37,000	446,000
構築物	22,000	－	－	22,000	19,000	380	3,000
車両運搬具	13,712	13,791	13,712	13,791	2,396	2,396	11,395
工具器具備品	505,000	54,000	71,000	488,000	402,000	52,000	86,000
土地	189,993	－	－	189,993	－	－	189,993
建設仮勘定	23,780	54,000	23,780	54,000	－	－	54,000
有形固定資産計	1,888,485	131,791	110,492	1,909,784	1,119,396	91,776	790,388
無形固定資産							
ソフトウェア	48,800	48,000	－	96,800	14,560	14,560	82,240
電話加入権	22,131	－	－	22,131	－	－	22,131
無形固定資産計	70,931	48,000	－	118,931	14,560	14,560	104,371

まず、情報を以下のように分類します。

(1) 償却しない資産（非償却性資産）

土地、建設仮勘定、電話加入権

(2) 定額法による減価償却資産

有形固定資産：建物、構築物

無形固定資産：ソフトウェア

(3) 定率法による減価償却資産

有形固定資産：車両運搬具、工具器具備品

そして、(2)についてはその増減を取得価額ベースで、(3)については帳簿価額ベースで整理します。

（単位：千円）

	前期	増加	減少	当期
(2) 定額法（有形）	1,156,000	10,000	2,000	1,164,000
(2) 定額法（無形）	48,800	48,000	－	96,800
(3) 定率法	107,835	67,791	78,231	97,395

次に、期中の増減取引は、期央（中間期末）に実施されたと仮定して、当期の平均残高を算定し、償却率を算出します。

なお、平均残高は、期首＋（増加額－減少額）×1／2で算定します。

「定額法（有形）」：$1,156,000 + (10,000 - 2,000) \times 1／2 = 1,160,000$

「定額法（無形）」：$48,800 + 48,000 \times 1／2 = 72,800$

「定率法」：$107,835 + (67,791 - 23,835^{※}) \times 1／2 = 129,813$

	減価償却費 (a)	平均残高 (b)	償却率 (c)＝(a)÷(b)
(2) 定額法（有形）	37,380	1,160,000	0.032
(2) 定額法（無形）	14,560	72,800	0.200
(3) 定率法	54,396	129,813	0.419

すると、それぞれの償却率が算出されます。

これを償却率表と照らし合わせると、次のことがわかります。

「定額法（有形）」：耐用年数32年

「定額法（無形）」：耐用年数約５年程度

「定率法」：耐用年数約４年程度（ただし、平成19年３月31日まで取得の資産とした場合）

なお、勘定科目別に償却率を算出すると、より詳細な分析が可能です。

※　このうち、減価償却費が54,396（＝2,396＋52,000）であるため、減少した帳簿価額は23,835（＝78,231－54,396）と計算できます。

　上記の【例３】のように、有形・無形固定資産の増減と減価償却費の関係を償却率という形で算出し、平均的な耐用年数を把握すると、前期比較をより有効なものとすることが可能です。以下、具体的にみていきましょう。

③ 償却率を使った前期比較

　減価償却方法（定額法か定率法か）と償却率から、平均的な耐用年数がわかりました。もし、勘定科目ごとの耐用年数がわかると、およそどのような資産が保有されているのか、想像しやすくなります。

　新規に取得する有形・無形固定資産が、今まで保有するものと耐用年数が大きく変わらない場合は、償却率も変わらないはずです。

　したがって、有形・無形固定資産の前期比較を行うのにあわせて、償却率の前期比較も行うことが大変有効です。償却率の前期比較のやり方とし

第6章　投資活動に関する前期比較の方法①　─有形・無形固定資産、減価償却費─

ては、どのレベルまで詳細に分析するかによって変わってきますが、次の
方法などが考えられます。

(a)　有形・無形固定資産合計で償却率を算定して前期比較

(b)　有形固定資産と無形固定資産の償却率をそれぞれ算定して前期比較

(c)　減価償却方法別に償却率を算定して前期比較

(d)　勘定科目別に償却率を算定して前期比較

　上記(a)や(b)について気をつけなければならないことは、非償却性資産が
含まれている点です。土地や建設仮勘定・ソフトウェア仮勘定といった固
定資産は、減価償却しないため、償却率を算定する際には、出来る限りこ
れらを控除した方が、分析精度が上がるのは言うまでもありません。

4　償却率が変動する原因（正常な原因例）

　有形・無形固定資産の償却率が前期と当期で変動する原因のうち、正常
なものを考えてみましょう。

　償却率は、これまでみてきたように定額法と定率法で算定方法が異なり
ますが、償却率は、

$$\frac{減価償却費}{有形・無形固定資産の取得価額\ or\ 帳簿価額}$$

で算定されるため、分子である減価償却費が分母の取得価額・帳簿価額に
対して増加すれば、償却率は上昇します。もしくは、減価償却費に対して
取得価額・帳簿価額が減少すれば、償却率は上昇します。

140

前期比較を行う際は、有形・無形固定資産や減価償却費の増減理由を把握すると同時に、償却率の変動原因をある程度推測しながら分析するのが効率的・効果的です。以下では、主な原因をとりあげてみましょう。

① 今までと異なる耐用年数の固定資産の大量取得

今まで保有する有形固定資産と異なる耐用年数の資産を大量に取得すると、償却率が前期と異なってきます。

逆の見方をすると、当期も前期と同じ償却率と仮定して減価償却費を推定し、これよりも当期の減価償却費が多い場合、つまり償却率が高くなる場合は、耐用年数の短い資産を多額に取得した可能性が高いということになります。

② 固定資産の取得・売却時期のタイミング

耐用年数が同程度の固定資産を取得したとしても、その取得のタイミングによっては、当期に計上される減価償却費が変わってきます。

たとえば、取得時期が期首近くになると、1年間の減価償却費が計上されることになりますが、決算月に取得すると減価償却費は1ヵ月分しか計上されません。しかし、どちらも期末時点の取得価額・帳簿価額は同額になります。

売却や廃棄・除却についても、そのタイミングによっては、当期に計上される減価償却費が変わってきます。

たとえば、売却等の時期が期首近くの場合、計上される減価償却費は、期首から売却等の時期までが短くなり少なくなりますが、その時期が期末に近くなるほど減価償却費は多くなります。しかし、どちらも期末時点の取得価額・帳簿価額は同額になります。

前述の【例3】では、期中の増減取引は、期央（中間期末）に実施されたと仮定して、当期の平均残高を算定し、償却率を算出しました。しかし、実際は期中のさまざまなタイミングで取得や売却等が行われます。このタイミングによって計上される減価償却費や償却率が影響を受けることを把握しておく必要があります。

③　耐用年数の変更（見積りの変更）

実務上、耐用年数は税法で定められる法定耐用年数が採用されるケースが多いと思われます。しかし、会計上は法定耐用年数ではなく、経済的耐用年数で減価償却しなければならないことになっています。したがって、経済的耐用年数を変更しなければならないケースも出てきます。

たとえば、工場建屋について考えてみると、2年後工場閉鎖が決まった場合、残存する経済的耐用年数は2年となります。したがって、残存法定耐用年数が2年超であったとしても、法定耐用年数によって減価償却することは会計上認められないため、耐用年数を2年に短縮しなければなりません。すると、耐用年数変更年度においては、減価償却費が過年度よりも増加し、償却率も上昇することになります。

【参考】経済的耐用年数

経済的耐用年数とは、経済的使用可能予測期間を意味します。
企業自らが固定資産ごとに経済的使用可能予測期間を適切に見積もって、耐用年数を決定することになります。法定耐用年数は、経済的耐用年数と近似することを前提として、はじめて使用することができる点に留意しましょう。
経済的耐用年数の決定におけるポイント
　　　　（監査・保証実務委員会「減価償却に関する当面の監査上の取扱い」より）
①耐用年数は、固定資産の単なる物理的使用可能期間ではなく、経済的使用可

能予測期間に見合ったものでなければならない。
②耐用年数は、対象となる固定資産の材質・構造・用途等のほか、使用上の環境、技術の革新、経済事情の変化による陳腐化の危険の程度、その他当該企業の特殊的条件も考慮して、各企業が自己の固定資産につき、経済的使用可能予測期間を見積もって自主的に決定すべきである。
③同一条件（種類・材質・構造・用途・環境等が同一であること）の固定資産について異なる耐用年数の適用は認められない。

④　耐用年数経過の資産の増加

　耐用年数に達すると、減価償却費は発生しません。したがって、耐用年数を経過した資産が増加してくると、減価償却費が減少し償却率は下がります。

　留意すべき点は、耐用年数に達した資産（償却済み資産）の帳簿価額について、2007年（平成19年）３月31日以前に取得した固定資産については、取得価額の５％が残存価額として残り、2007年（平成19年）４月１日以後取得した固定資産については、残存価額という概念が撤廃されたため、１円になっているということです。

　対して取得価額については、償却済み資産であってもそのまま残っていることになります。

	償却終了時の残存価額
2007年3月31日以前取得の固定資産	取得価額の5％
2007年4月1日以後取得の固定資産	1円

償却率が変動する原因(異常な原因例)

　有形・無形固定資産の償却率が前期と当期で変動する原因のうち、異常なものを考えてみましょう。

　前期比較を行うことによって、不正会計やミスの兆候を察知することは、大変重要です。具体的には、まず償却率の変動が正常な原因によって起こっていないかを調査し、該当する事実が確認できない場合に、不正会計やミスを疑うことになります。

　以下では、主な原因をとりあげてみましょう。

① **耐用年数の誤り**

　今まで保有する有形固定資産と異なる耐用年数の資産を取得すると、当然に償却率が変わってきます。しかし、同様の有形固定資産を取得したにもかかわらず、耐用年数を誤ったり、あえて長い耐用年数を適用して減価償却費の計上を減少させる不正会計があったりします。

　耐用年数の誤りを発見するためには、新規に取得した資産を実際に観察すること、その取得目的や利用期間などを稟議書等で確認すること、資産の内容や構造等を資料で確認すること、なども必要です。

② **減価償却費の未計上**

　償却率が異常に下がる原因として、有形・無形固定資産は検収され計上されている一方、減価償却費は計上されていない状態が考えられます。

　減価償却は、「事業の用に供した日」から開始します。減価償却をあえ

て実施しないことにより、減価償却費を計上しない不正会計があります。つまり、事業の用に供しているにもかかわらず、供したような手続を行わないという不正です。

たとえば、機械装置等の設備について「稼動報告書」が現場から経理部門に提出されることにより、機械装置の稼働日＝「事業の用に供した日」が経理部門で把握され、減価償却を開始するとします。この「稼動報告書」が現場から提出されない、あるいはあえて提出しない、稼働日を改ざんする、などといった不正行為で、減価償却を遅らせる手口が考えられます。

こうした不正会計を発見するためには、設備投資計画において当該資産の稼動予定日がいつになっていたかを把握し、これとの比較により稼動報告漏れがないかどうかを確認することが、有効な方法として考えられます。

もし、本来検収されるべき有形・無形固定資産が検収されず、また稼動しているにもかかわらず減価償却費も計上されていないならば、償却率に影響を与えませんので、償却率の前期比較による異常察知は困難です。この場合は、検収漏れがないかどうかを調査する必要がありますが、この対応についても設備投資計画において当該資産の納品・検収予定日や稼動予定日がいつになっているかを把握することで、未検収資産を抽出し実際の検収の有無を確認することで、不正やミスの発見につながります。

③　休止資産・遊休資産の存在

償却率が異常に下がる原因として、休止資産や遊休資産が存在し、減価償却が行われていない可能性も考えられます。

休止資産や遊休資産の減価償却費について少し厄介なのは、会計と税法で取扱いが若干異なることです。

【参考】休止資産・遊休資産の減価償却

	会計	税務
稼動が休止している資産の減価償却	実施する。ただし、減価償却費は営業外費用として処理。（企業会計基準適用指針第6号「固定資産の減損に係る会計基準の適用指針」第56項）	実施しない。
休止期間中必要な維持補修が行われており、いつでも稼働し得る状態にある資産の減価償却		実施する。（法人税基本通達7-1-3）

　会計に従えば、休止資産や遊休資産でも減価償却費を計上しなければなりません。しかし、誤って税法に従い減価償却費が計上されない会計処理が行われることが、実務上考えられます。

　このような場合、休止資産や遊休資産について減価償却費の計上が漏れていないかどうかチェックするとともに、減損処理の必要性についても確認しておく必要があります。

Ⅲ　償却率を使った前期比較

定額法適用の有形固定資産の前期の取得価額は10,000千円、減価償却費は500千円、償却率は0.05（耐用年数20年）でした。当期の取得価額は15,000千円であったとします。
　もし、同程度の耐用年数の資産が増加しているのであれば、当期の減価償却費も750千円程度になっているはずです。
$\begin{pmatrix}定額法適用の有形固定資産の取得価額15,000千円×前期償\\却率0.05＝750千円\end{pmatrix}$
　当期の減価償却費が1,000千円になっていた場合、どのような原因が考えられるでしょうか。

　以下のような原因が考えられます。

　同程度の耐用年数の資産を取得しているということであれば、1,000千円の減価償却費はあり得ません。原因として、主に次のようなものが考えられます。
①　経済的使用可能予測期間の見積りが当初より変更され、既存資産および新規取得資産について耐用年数が短縮された。
②　減価償却費の過大計上（ミス）
　（なぜ過大となったのか、検討する必要がある。）

147

第7章

投資活動に関する前期比較の方法②

― （投資）有価証券、
　貸付金、受取利息、
　有価証券利息、受取配当金 ―

投資活動に関する貸借対照表項目の前期比較

1 投資活動の中の金融商品関係

　この章では、投資活動の中の金融商品関係を取り上げてみます。金融商品についても、第3章でみてきたように、まず貸借対照表に着目し、損益計算書をイメージするという見方で投資活動に関する項目の前期比較を行います。

　金融商品関係の貸借対照表項目と損益計算書項目が相互に関連しあって変動していることを意識しましょう。

　その前に、関連する勘定科目を整理しておきます。

貸借対照表項目	損益計算書項目
（投資）有価証券－株式、投資信託等	受取配当金 　（投資）有価証券評価損 　（投資）有価証券売却損益
（投資）有価証券－債券	有価証券利息 　（投資）有価証券評価損 　（投資）有価証券売却損益
貸付金	受取利息（貸付金利息） 貸倒引当金繰入額、戻入益

　この他にも、その他有価証券評価差額金や税効果会計の繰延税金資産および法人税等調整額も関連しますが、ここでは簡単な関連のみ取り上げます。

151

（投資）有価証券の増減

　一般に有価証券とは、財産権を表章する証券で、その権利の移転または行使に原則として証券が必要なものをいいます。手形・小切手・株券・債券・国債・投資信託・社債・船荷証券・倉庫証券・貨物引換証・商品券が含まれますが、会計上は手形・小切手や船荷証券・倉庫証券・貨物引換証・商品券は有価証券に含まれません。

【参考】会計上の有価証券の範囲

●**会計上の有価証券の範囲（金融商品に関する会計基準（注１－２））**
・原則として、金融商品取引法に定義する有価証券。
　　ただし、企業会計上の有価証券として取り扱うことが適当と認められないものについては、有価証券としては取り扱わない。
・金融商品取引法上の有価証券に類似し企業会計上の有価証券として取り扱うことが適当と認められるもの。

●**金融商品取引法上の有価証券（金融商品取引法第２条）**
　一　　国債証券
　二　　地方債証券
　三　　特別の法律により法人の発行する債券
　四　　資産の流動化に関する法律に規定する特定社債券
　五　　社債券
　六　　特別の法律により設立された法人の発行する出資証券
　七　　優先出資法に規定する優先出資証券
　八　　資産の流動化に関する法律に規定する優先出資証券又は新優先出資引受権を表示する証券
　九　　株券又は新株予約権証券

十　　投資信託及び投資法人に関する法律に規定する投資信託又は外国投資
　　　信託の受益証券

十一　投資信託及び投資法人に関する法律に規定する投資証券、新投資口予
　　　約権証券若しくは投資法人債券又は外国投資証券

十二　貸付信託の受益証券

十三　資産の流動化に関する法律に規定する特定目的信託の受益証券

十四　信託法に規定する受益証券発行信託の受益証券

十五　法人が事業に必要な資金を調達するために発行する約束手形のうち、
　　　内閣府令で定めるもの

十六　抵当証券法に規定する抵当証券

十七　外国又は外国の者の発行する証券又は証書で第一号から第九号まで又
　　　は第十二号から前号までに掲げる証券又は証書の性質を有するもの

十八　外国の者の発行する証券又は証書で銀行業を営む者その他の金銭の貸
　　　付けを業として行う者の貸付債権を信託する信託の受益権又はこれに類
　　　する権利を表示するもののうち、内閣府令で定めるもの

十九　金融商品市場において金融商品市場を開設する者の定める基準及び方
　　　法に従い行う第二十一項第三号に掲げる取引に係る権利、外国金融商品
　　　市場において行う取引であつて第二十一項第三号に掲げる取引と類似の
　　　取引に係る権利又は金融商品市場及び外国金融商品市場によらないで行
　　　うオプションを表示する証券又は証書

二十　前各号に掲げる証券又は証書の預託を受けた者が当該証券又は証書の
　　　発行された国以外の国において発行する証券又は証書で、当該預託を受
　　　けた証券又は証書に係る権利を表示するもの

二十一　前各号に掲げるもののほか、流通性その他の事情を勘案し、公益又は
　　　投資者の保護を確保することが必要と認められるものとして政令で定め
　　　る証券又は証書

　（投資）有価証券（以後、有価証券とします）の増減は、売却取引だけで
なく、評価替などによって増減することがあります。

　有価証券は、その保有目的から会計上４つに分類され、その貸借対照表
における増減と損益計算書との関連が異なります。

① 売買目的有価証券

時価の変動により利益を得ることを目的として保有する有価証券をいいます。貸借対照表には時価で計上されることになり、前期末と当期末の差額である評価差額は、損益計算書上、有価証券評価損益（営業外損益）として処理されます。

② 満期保有目的の債券

満期まで所有する意図をもって保有する社債その他の債券をいいます。貸借対照表には取得原価で計上されることになります。ただし、債券を債券金額より低い価額または高い価額で取得した場合において、取得価額と債券金額との差額の性格が金利の調整と認められるときは、償却原価法（当該差額を償還期まで毎期一定の方法で取得価額に加減する方法）に基づいて算定された価額で、貸借対照表に計上されることになります。

なお、償却原価法に基づく当該加減額は、損益計算書上、受取利息または支払利息に含まれます。

コラム　取得価額と取得原価

取得価額と取得原価という用語があります。

実務上、あまり意識して区別されていないような気はしますが、会計的には取得価額と取得原価は意味が異なります。

取得価額は、資産の取得または製造のために要した金額をいい、たとえば、購入品であれば、購入金額に付随費用を加えた金額をいいます。

取得原価は、取得価額を基礎として、適切に費用配分した後の金額をいい、たとえば、棚卸資産であれば、総平均法等により費用配分した後の金額をいいます。

③　子会社株式・関連会社株式

　子会社とは、議決権のある株式の50％超を、他の会社（親会社）に保有されている会社をいいます。しかし、たとえ50％以下であっても、例えば40％以上の株式を保有され、営業方針の決定権、役員の派遣状況、資金面等から「実質的に支配」されていると判断される場合には「子会社」と判定されます（財務諸表等規則８条３項、４項）。

　関連会社とは、議決権のある株式の20％以上を所有している会社、ないしは出資、人事、資金、技術、取引等の関係を通じて、財務、営業、事業の方針の決定に重要な影響を与えることができる会社をいいます。しかし、たとえ20％未満であっても、たとえば15％以上の議決権を所有され、かつ上記のような特別の関係から「実質的な影響力」が大きいと判断される場合には「関連会社」と判定されます（財務諸表等規則８条５項、６項）。

　子会社株式・関連会社株式は、貸借対照表には取得原価で計上されることになり、取得もしくは売却がなければ、増減しません。ただし、減損処理が行われた時には、損益計算書上、評価損（特別損失）が計上されることになり、貸借対照表上、同額が減少することになります。

④　その他有価証券

　売買目的有価証券、満期保有目的の債券、子会社株式及び関連会社株式以外の有価証券をいいます。貸借対照表には、時価で計上されることになり、評価差額は洗い替え方式に基づき、次のいずれかの方法により処理することになります。

　⑴　評価差額の合計額を純資産の部に計上する。

　⑵　時価が取得原価を上回る銘柄に係る評価差額は純資産の部に計上

し、時価が取得原価を下回る銘柄に係る評価差額は当期の損失として
処理する。

実務上、上記(1)を採用しているケースが一般的かと思われます。なお、
純資産の部に計上される評価差額については、税効果会計を適用しなけれ
ばなりません。

【参考】有価証券の分類と貸借対照表・損益計算書における取扱い

分類	貸借対照表	損益計算書	
		評価差額	減損
売買目的有価証券	時価で計上	有価証券評価損益	―
満期保有目的の債券	取得原価で計上 ただし、額面と差がある場合、償却原価法に基づく価額[*1]	― 当該差額は、受取利息もしくは支払利息として処理	時価等が著しく下落し、回復する見込みがあると認められる場合を除き、 <時価あり> 時価で評価し、評価差額は当期の損失として処理 <時価なし> 実質価額で評価し、評価差額は当期の損失として処理
子会社株式・関連会社株式	取得原価で計上	―	
その他有価証券	時価で計上	純資産の部の評価差額金[*2]	

※1　額面との差を償還期間にわたって毎期一定の方法で取得価額に加減算する方法。
※2　評価差額がプラスの場合は純資産、マイナスの場合は当期の損失という方法も選択できる。

I　投資活動に関する貸借対照表項目の前期比較

③ 貸付金の増減

　貸付金とは、金銭消費貸借契約により、取引先、関係会社、株主・役員・従業員などに金銭を貸付けた場合に発生する金銭債権をいいます。

　貸付金の増減は、融資や回収または貸倒れによって起こりますが、評価替などによって増減することがあります。つまり貸倒引当金の計上です。しかし、貸付金について、直接、貸倒引当金を控除した金額で記載し、貸倒引当金の金額を注記するケースは少なく、貸付金と貸倒引当金は、貸借対照表上、間接控除される形で記載されることが多いと考えられます。そうすると、貸付金自体は貸倒引当金の増減によって変動しないことになります。

【参考】直接控除と間接控除

> 　貸付金100に対し、貸倒引当金を１％引き当てるとします。
> 　貸借対照表上は、次のように記載されます。
>
> **●直接控除の場合**
> 　　貸付金　　　　99
>
> 　　（貸借対照表注記）
> 　　　貸倒引当金　　　1
>
> **●間接控除の場合**
> 　　貸付金　　　100
> 　　⋮
> 　　貸倒引当金　　△1

157

流動項目と固定項目

　同じ貸付金でも、流動項目である短期貸付金と固定項目である長期貸付金があります。一般的な事業会社においては、貸付（融資）を正常な営業循環過程にある取引とは考えないため、1年基準により流動（短期）か固定（長期）かに分類します。つまり、貸付けてから1年以内に返済期日が到来するか否かによって、短期貸付金になるか長期貸付金になるか判断することになるということです。

　たとえば、長期貸付金が期末日の翌日から起算して1年以内に回収されることになれば、貸借対照表上長期貸付金から短期貸付金に振替えられます。特に融資や回収がなくても、長期貸付金の減少と短期貸付金の増加が同額発生することになります。

　したがって、貸付金の前期比較を行う場合は、短期と長期の貸付金の増減をあわせて分析しておく必要があります。

　なお、有価証券についても、期末日の翌日から起算して1年以内に確実に現金化されるものであれば有価証券、それ以外は投資有価証券です。

投資活動に関する損益計算書項目の前期比較

1 有価証券利息、受取利息の増減

　貸借対照表項目である有価証券と貸付金が増減した場合、関連する損益計算書項目がどのように増減するのかについては、営業活動の場合とは異なります。

　有価証券に関して、売却や評価によって生じる売却損益や評価損（損益計算書項目ではありませんが、評価差額金も同様）については、有価証券の増減と直接比例的に発生することが期待されるわけではありません。つまり、残高が倍になったからといって損益も倍になるとは限らないということです。したがって、売却損益や評価損については、有価証券の増減とは別に、取引を個別にみていく必要があります。

　一方、有価証券利息や受取利息の場合、有価証券や貸付金の増減に連動することが期待できそうです。この時の有価証券は、国債や社債といった債券を意味し、クーポン（利付債券に付随する利札。利息のこと。）が得られることを前提としています。また貸付金は、融資にあたり金利があらかじめ決まっているため、得られる貸付金利息も貸付金残高の増減と関連して増減するはずです。

第7章 投資活動に関する前期比較の方法② ―（投資）有価証券、貸付金、受取利息、有価証券利息、受取配当金―

② 受取配当金の増減

　受取配当金の場合、債券とは異なり金利等があらかじめ決まっているわけではないため、有価証券の増減と関連しないことが多いです。1株（1口）当たりの配当（分配）が安定的に行われているのであれば、残高に比例して増減すると考えても問題はないでしょう。

　しかし、配当（分配）がなかったり、業績によってその配当（分配）率が増減したりする場合には、有価証券の銘柄別に運用を確認しなければ、有価証券残高と受取配当金の関係に異常がないかどうかはわかりません。

　結局、受取配当金については、有価証券の増減のみからその影響を推測することは、難しいということになります。

③ 有価証券（債券）・貸付金の前期比較と有価証券利息・受取利息

　有価証券の前期比較と有価証券利息、貸付金の前期比較と受取利息（貸付金利息）との関係について、以下で見ていきましょう。

160

II 投資活動に関する損益計算書項目の前期比較

【例】

前期と当期の有価証券・貸付金と有価証券利息・受取利息は次のとおりです。この場合、どのように分析するでしょうか。

項目	前期	当期	増減
短期貸付金	5,000	5,000	0
投資有価証券※1	20,000	30,000	10,000
長期貸付金	15,000	10,000	△5,000
有価証券利息	400	400	0
貸付金利息	200	150	△50

※1　この投資有価証券は満期まで所有する意図をもって保有する社債（満期保有目的の債券）で、債券金額より低い価額または高い価額で取得していないものとします。

まず投資有価証券から分析します。

その内容は満期保有目的の債券であり、取得価額＝債券金額であるため、償却原価法は採用されていません。

当該債券の金利があらかじめわかっていれば、これを利用することができますが、不明である場合は、前期の投資有価証券20,000と有価証券利息400から、金利２％（＝400÷20,000）を推定します。なお、前々期の投資有価証券残高が明らかな場合は、前々期と前期の平均残高を用いて金利を推定するほうが良いでしょう。

投資有価証券は対前期比で10,000増加していますが、有価証券利息に変動はありません。推定される金利２％から、有価証券利息として600（30,000×２％）が計上されるはずです。ここで異常を感じて、何が考えられるか、可能性を探る必要があります。

主な可能性としては、次のようなことが考えられます。

①　当期増加分10,000については、異なる金利の債券であること（金利０％）

161

② 当期増加分10,000は金利２％であるが、取得時期が期末日であること（つまり期中の平均残高はほぼ20,000ということ）

③ 有価証券利息の計上漏れ

これらの可能性を考慮しつつ、追加の情報を求めることが必要です。次に貸付金を分析します。

貸付金は短期と長期（流動と固定）を合算して検討します。長期貸付金は5,000減少しています。期日前に回収した可能性もありますが、１年基準により短期に振替えられた可能性が高いです。

貸付金の場合も上記の債券と同様、金利があらかじめわかっていれば、これを利用することができますが、不明である場合は、前期の短期および長期貸付金の合計20,000と貸付金利息200から、金利１％（＝200÷20,000）を推定します。なお、前々期の残高が明らかな場合は、前々期と前期の平均残高を用いて金利を推定するほうが良いのは先ほどの債券のケースと同様です。

貸付金は対前期比で5,000減少しており、貸付金利息も50減少しています。推定される金利１％から、貸付金利息として150(＝(5,000＋10,000)×１％）が計上されるはずであり、推定どおりの貸付金利息が計上されています。

ここで注意すべきは、貸付金の平均残高で考えると、17,500(＝(前期20,000＋当期15,000)÷２×１％)で175の貸付金利息が計上されるはずです。単純に期末残15,000に１％を掛けた150が貸付金利息になっているということは、貸付金の回収が期首に近いタイミングで行われた可能性が高いということです。もし、期首に近い時点で回収されていない場合は、貸付金利息が過小計上である可能性が高いということになります。

Ⅱ　投資活動に関する損益計算書項目の前期比較

　事例からもわかるように、債券である有価証券の前期比較と有価証券利息、貸付金の前期比較と受取利息（貸付金利息）は、金利と増減のタイミングを通して関連していることがわかります。

　もし、金利(の平均値等)があらかじめ把握できているのであれば、債券である有価証券や貸付金の増減額に金利を掛けた金額が、損益計算書上の有価証券利息や貸付金利息の増減額になっているはずです。増減額と異なる場合は、増減のタイミングが期首か期末に偏っている可能性があります。

　増減のタイミングを調べて、それでも有価証券利息や貸付金利息の増減額と異なる場合は、有価証券利息や貸付金利息の計上額自体が誤っている可能性があります。

④　貸倒引当金と貸倒引当金繰入額の増減

　貸付金には貸倒引当金が設定されるのが通常です。正確には、貸付金以外の売掛金や未収入金といった債権についても、同様に貸倒引当金が設定されます。

　ここでは、投資活動を中心に取り上げていますので、貸付金に限定して貸倒引当金を考えます。ただし、決算書上、貸付金のみに対応した貸倒引当金が明示されていないケースが多いため、決算書の前期比較のみでは、分析が十分にできないこともあります。

　貸付金が一般債権に分類されるのであれば、貸倒引当金は貸倒実績率で算定されます。貸倒実績率は、過去３年間の平均値で算定されますが、貸倒実績が年々減少し貸倒実績率も低下すると、貸倒引当金も減少すること

163

になります。

　貸付金が貸倒懸念債権や破産更生債権等に分類されるのであれば、貸倒引当金は個別に見積って算定されます。もし、当初は一般債権に分類された貸付金が、貸倒懸念債権に分類され、貸倒見積高が多く算定されるようになったときには、貸付金の残高に変動はなくても、貸倒引当金は増加し、貸倒引当金繰入額が発生することになります。

ある会社は、その他有価証券として上場株式を保有しています。前期は10,000千円でしたが、当期は12,000千円の残高でした。

(1) 増加原因は、株価の上昇です。この時、投資有価証券勘定以外に影響があるのはどの勘定科目でしょうか。
(2) もし、当期8,000千円の残高となり、減少原因が株価の下落だとしたら、この時、投資有価証券勘定以外に影響があるのはどの勘定科目でしょうか。

(1) その他有価証券評価差額金と繰延税金負債

　その他有価証券は期末時に時価で評価されますが、評価益は損益計算書に計上されるわけではなく、その他有価証券評価差額金として純資産を直接増加させます。そして税効果会計により、当該評価差額金に関し、繰延税金負債が計上されることになります。

(2) その他有価証券評価差額金と繰延税金資産

　評価損は損益計算書に計上されるわけではなく、その他有価証券評価差額金として純資産を直接減少させます。評価益と異なる点は、税効果会計の影響です。繰延税金資産の場合、回収可能性の有無の検討が必要となり、回収不可能ということになれば、繰延税金資産は計上されません。そうなると、評価損はそのままその他有価証券評価差額金として同額純資産を減少させることになります。

第8章

財務活動に関する前期比較の方法
—借入金、社債、資本金、
　支払利息、社債利息、支払配当金—

I

財務活動に関する貸借対照表項目の前期比較

1 財務活動に関連する勘定科目

貸借対照表において、財務活動に関連する主な勘定科目は次のとおりです。

●資産勘定

　現金預金

●負債勘定

　借入金、社債、転換社債、新株予約権付社債　など

●純資産勘定

　資本金、資本剰余金、利益剰余金、自己株式

損益計算書において、財務活動に関連する主な勘定科目は次のとおりです。

●営業外項目

　支払利息、社債利息

●特別項目

　社債償還損益　など

第8章　財務活動に関する前期比較の方法　―借入金、社債、資本金、支払利息、社債利息、支払配当金―

　財務活動においては、貸借対照表と損益計算書の勘定科目の関連は、比較的シンプルです。財務活動とは、株式の発行、社債の発行、融資などにより資金の調達や返済を行うことであり、これに伴う損益計算書項目は、利息関係ということになります。

　借入や社債による資金調達は利息が発生しますが、株式の発行、つまり増資による資金調達は自己資本であるため、利息は発生しません。その代わり、株主に対する配当金の支払が求められることになります。しかし、配当金の支払は、損益計算書上表現されることはなく、株主資本等変動計算書の利益剰余金の減少という形で表現されます。

　つまり、財務活動に関連する勘定科目の前期比較では、利息以外は貸借対照表間の増減が中心になるということです。

② 借入金・社債の増減

　借入金は、金融機関等から融資を受けることで増加し、返済することで減少します。社債は、企業が証券会社を通じて発行することにより、直接投資家から資金を募ることで増加します。なお、社債には様々な種類があり、普通社債のほか転換社債（転換社債型新株予約権付社債）、ワラント債（新株予約権付社債）などがあります。社債は償還期日が到来すると企業が買取ることになり、社債は減少します。償還期日前に買取ることもあります（期限前償還）。借入金や社債は、あらかじめ返済期日・償還期日が決まっていることから、その減少のタイミングについては、把握できるということが特徴としてあります。

170

流動項目と固定項目

　貸付金でも取り上げましたが、借入金や社債も同様に、流動項目と固定項目があります。

　流動項目としては、短期借入金、1年内返済予定長期借入金、1年内償還予定の社債や転換社債などがあります。

　固定項目としては、社債、転換社債、新株予約権付社債、長期借入金などがあります。これらは、1年基準により流動（短期）か固定（長期）かに分類します。つまり、社債等を発行したり、金融機関から借入れたりしてから1年以内に償還期日や返済期日が到来するか否かによって、流動項目になるか固定項目になるか判断することになります。

【例】

　当期中に新規の借入や繰上返済がない場合、翌期の借入金の残高はいくらになるでしょうか。
（1年内返済予定長期借入金は、流動負債として表示されます。）

項　　目	当　　期
1年内返済予定長期借入金	1,000
長期借入金	11,000
計	12,000

　長期借入金12,000（＝1,000＋11,000）のうち、1,000は1年内に返済が予定されているため、翌期には1,000減少します。そして、毎年度

同額の返済予定であると仮定すると、翌期の長期借入金の残高は次表のとおり1年内返済予定長期借入金1,000、長期借入金10,000の計11,000となるはずです。

項　　目	翌　　期
1年内返済予定長期借入金	1,000
長期借入金	10,000
計	11,000

　もし、翌期において翌々期の返済予定額が2,000であれば、1年内返済予定長期借入金2,000、長期借入金9,000の計11,000となるはずです。

項　　目	翌　　期
1年内返済予定長期借入金	2,000
長期借入金	9,000
計	11,000

　いずれにしても、長期借入金の合計は変わりません。

　上記の【例】をみてもわかるように、流動項目は、1年基準で判断されている場合、1年内に入金や出金があることを意味するため、残高の動きが読みやすくなるといえます。

　前期比較の際は、この流動項目と固定項目を意識して分析してみましょう。

4 資本金の増減①

　資本金は、増減資を行うことで変動します。資本金の額は、原則として、株主となる者が会社に資金の払込や現物出資をすることにより増加しますが、準備金や剰余金の資本組入れ等によっても増加します。その一方、原則として株主総会の特別決議を行い、債権者保護手続を経た後、株主に対し出資金の払戻しを行うことで資本金を減少させることができますが（実質上の減資）、払戻しを行わず資本準備金やその他資本剰余金に振り替えることによって減少させることも可能です（形式（名目・名義）上の減資）。

　資本金の増減は、資本取引であるため当然に損益計算書項目に影響を与えません。その代わり、他の貸借対照表項目の増減に留意する必要があります。

【参考】会社財産の変動を伴わない増減資

会社法における、会社財産の変動を伴わない増減資の取扱いは以下のとおりです。

借　　　方	貸　　　方	根拠条文
資本準備金	資本金	会社法448条１項２号
利益準備金	資本金	会社法448条１項２号
その他資本剰余金	資本金	会社法450条
その他利益剰余金	資本金	会社法450条
資本金	資本準備金	会社法447条１項２号
資本金	利益準備金	認められない
資本金	その他資本剰余金	会社法447条
資本金	その他利益剰余金	認められない

5 資本金の増減②

　資本金の増減は、必ず他の貸借対照表項目の増減を伴います。有償増減資の場合は、現金預金が増減し、現物出資による増資では、現物資産によって、有価証券や有形・無形固定資産などが増加することになります。

　会社財産の変動を伴わない、形式上の増減資の場合、純資産の内訳が変わるのみです。

　また、転換社債の株式への転換の場合は、負債に計上されている転換社債の減少を伴い、DES（デット・エクイティ・スワップ：Debt Equity Swap）では、借入金が減少して資本金が増加することになります。ワラント債やストックオプションなどの新株引受権の行使によれば、現金預金の増加と新株予約権部分（純資産）の減少によって、資本金が増加します。

6 注意すべき資本金の増加

　資本金の増加に伴い、貸付金が増加しているようなケースには注意しましょう。

　ある貸付先に融資し、その融資した資金により株式の引受がなされた場合、「見せ金」に該当しないかどうか注意が必要です。たとえば、取締役Aに対し会社から1,000万円融資し、Aはその1,000万円で会社の増資引受

I　財務活動に関する貸借対照表項目の前期比較

【参考】資本金の増減と関連する貸借対照表項目

区　　分	勘定科目	内　　容
資産の部	現金預金	有償増減資により増減
	有形・無形固定資産	現物出資による増資により増加
	（投資）有価証券	
負債の部	借入金	DES（債務の資本化）より減少
	転換社債型新株予約権付社債（転換社債）	新株予約権の権利行使により減少
純資産の部	資本準備金	資本組入により減少、減資により増加
	利益準備金	資本組入により減少
	その他資本剰余金	資本組入により減少、減資により増加
	その他利益剰余金	資本組入により減少
	新株予約権	新株予約権の権利行使により減少

を行うと、会社の貸借対照表は、役員貸付金1,000万円、資本金1,000万円がそれぞれ増加することになります。ちなみに、現金預金は、貸付金として一旦は1,000万円減少しますが、増資により1,000万円入金されることになり、結局変化はありません。もし、この役員貸付金が回収不能になると（もしくは回収不能ということにすると）、資本金は1,000万円増加したとしても、これに対応する資産が1,000万円存在しないことになり、結局会社の資本の充実は図れないことになります。

　したがって、貸付金の増加を伴う資本金の増加は、どこへの貸付か、特に株主（株主となる取締役も含む）に対する貸付には、回収期日が明確になっているか、貸倒れの可能性はないかどうか、などについて十分留意する必要があります。

支払配当金と利益剰余金の減少

　剰余金の配当を実施すると、損益計算書には影響せず、利益剰余金（繰越利益剰余金）が直接減少します。この時減少する利益剰余金は、１株当たり配当額に配当対象となる株式数を乗じたものです。

　なお、利益剰余金を前期比較した場合、前述の❹や❺で取り上げたような資本取引を除き、その増減理由となるのは、当期純利益と剰余金の配当が主な内容です。もし、剰余金の配当が行われていない場合は、通常、利益剰余金の増減理由は、当期純損益ということです。利益剰余金の増減内容を知るためには、株主資本等変動計算書を読めば明らかです。

　剰余金の配当は、キャッシュ・フロー計算書では「財務活動によるキャッシュ・フロー」の区分に記載されることになりますので、覚えておきましょう。

Ⅱ 財務活動に関する損益計算書項目の前期比較

1 支払利息、社債利息の増減

　貸借対照表項目である借入金や社債が増減した場合、関連する損益計算書項目がどのように増減するのかについては、投資活動の有価証券や貸付金のケースで述べたように、損益計算書項目と貸借対照表項目は、連動することが期待できそうです。たとえば、借入金は、融資を受けるにあたり金利があらかじめ決まっているため、支払うべき借入利息も借入金残高の増減と関連して増減するはずです。第7章のⅡ❸【例】にある貸付金の分析と同様です。

2 注意すべき損益計算書項目の増減

　通常、借入金に関連する損益計算書項目は支払利息ですが、支払手数料やその他の費用項目に留意しなければならないこともあります。
　たとえば、複数の金融機関が協調してシンジケート団を組成し、同一条件で1つの契約書に基づき融資を受けることが可能となるシンジケート

第8章 財務活動に関する前期比較の方法 ―借入金、社債、資本金、支払利息、社債利息、支払配当金―

ローンを組む場合には、金利とは別にアレンジメントフィーやエージェントフィー等の手数料が必要となります。これらの手数料については、実は明確な会計上の取扱いはなく、費用の内容を検討した上で会計処理を決めていくしかありません。その結果、支払手数料や支払報酬などの損益計算書項目が使用される可能性があります。

　他にも、その他の費用項目の増加には注意が必要です。たとえば、簿外の借入金に対する支払利息を隠ぺいするために、支払利息以外の費用項目に含められることがあります。もし支払利息として計上してしまうと、簿外の借入金の存在が疑われてしまうからです。内容が明らかではない支払手数料や雑費・雑損の類には、十分気を付けましょう。

178

II　財務活動に関する損益計算書項目の前期比較

Q1 ある会社で、利益剰余金の前期比較をしたところ、対前期比 700 百万円増加していました。この会社では、安定配当政策が採用されており、配当性向 30％を維持していました。その他の資本取引は実施されていないとすると、この会社の**当期純利益**はいくらでしょうか。

A1 当期純利益は、1,000百万円です。

配当性向が30％ということは、当期純利益の30％が配当されたということですので、

利益剰余金の増減額＝当期純利益－当期純利益 ×30％
　　　　　　　　　＝当期純利益×70％

ということになります。

したがって、利益剰余金の増減額÷70％が当期純利益となります。

貸借対照表の前期比較のみで、損益計算書の当期純利益が計算されるという例です。

179

第9章

実際の財務諸表を使ったケーススタディ

I

X 社の財務諸表の前期比較

1 X 社の財務諸表

　実際の会社 X 社の財務諸表を前期比較してみましょう。

　第 1 章でも述べたように、前期比較する際は、他の定量的・定性的な情報と合わせて分析したり、会計方針の変更の有無を把握したりということは、事前に実施しておく必要があります。

　本章では、これらの事前準備もなく、そもそもどのような事業を行っているのかという情報もない中で、数値だけを頼りに前期比較を試みます。なお、X 社の財務諸表については、実際に存在したものを著者が若干修正して採用しています。また、千円単位で足しても合計と一致しないのは、円単位で合計したものを切り捨て表示しているためです。

第9章　実際の財務諸表を使ったケーススタディ

① **X社について**

X社は、3月決算のメーカーで上場企業です。

② **貸借対照表**

(単位：千円)

資産の部	前期	当期	増減	率
流動資産				
現金及び預金	1,360,111	2,661,860	1,301,749	95.7%
売掛金	18,211,895	22,895,952	4,684,057	25.7%
仕掛品	2,580,948	3,325,763	744,815	28.9%
繰延税金資産	119,775	165,481	45,706	38.2%
その他	165,464	363,371	197,907	119.6%
貸倒引当金	－	△579,500	△579,500	－
流動資産合計	22,438,195	28,832,928	6,394,733	28.5%
固定資産				
有形固定資産				
建物及び構築物	55,216	49,962	△5,254	－9.5%
機械装置及び運搬具	230,180	146,079	△84,101	－36.5%
その他	22,461	24,783	2,322	10.3%
有形固定資産合計	307,858	220,826	△87,032	－28.3%
無形固定資産				
ソフトウェア	17,301	11,444	△5,857	－33.9%
その他	178	1,858	1,680	943.8%
無形固定資産合計	17,480	13,302	△4,178	－23.9%
投資その他の資産				
長期前払費用	9,135	3,552	△5,583	－61.1%
繰延税金資産	27,358	16,062	△11,296	－41.3%
その他	96,079	91,157	△4,922	－5.1%
投資その他の資産合計	132,572	110,772	△21,800	－16.4%
固定資産合計	457,912	344,900	△113,012	－24.7%
資産合計	22,896,107	29,177,829	6,281,722	27.4%

I　X社の財務諸表の前期比較

（単位：千円）

負債の部	前期	当期	増減	率
流動負債				
買掛金	660,530	599,374	△61,156	−9.3%
短期借入金	6,859,760	9,616,730	2,756,970	40.2%
リース債務	−	2,177	2,177	−
未払法人税等	361,741	859,999	498,258	137.7%
賞与引当金	50,307	48,901	△1,406	−2.8%
製品保証引当金	154,000	176,500	22,500	14.6%
その他	482,762	852,931	370,169	76.7%
流動負債合計	8,569,100	12,156,613	3,587,513	41.9%
固定負債				
社債	570,000	470,000	△100,000	−17.5%
長期借入金	2,267,240	2,724,310	457,070	20.2%
リース債務	−	7,956	7,956	−
その他	3,398	3,120	△278	−8.2%
固定負債合計	2,840,638	3,205,386	364,748	12.8%
負債合計	11,409,739	15,362,000	3,952,261	34.6%
純資産の部				
株主資本				
資本金	5,115,125	6,009,533	894,408	17.5%
資本剰余金	5,060,625	5,955,033	894,408	17.7%
利益剰余金	1,291,768	1,821,839	530,071	41.0%
株主資本合計	11,467,518	13,786,405	2,318,887	20.2%
新株予約権	18,849	29,423	10,574	56.1%
純資産合計	11,486,368	13,815,829	2,329,461	20.3%
負債純資産合計	22,896,107	29,177,829	6,281,722	27.4%

第9章　実際の財務諸表を使ったケーススタディ

③　損益計算書

（単位：千円）

	前期		当期		増減	率
売上高	9,496,817		11,855,960		2,359,143	24.8%
売上原価	5,522,466		7,015,515		1,493,049	27.0%
売上総利益	3,974,350	41.8%	4,840,444	40.8%	866,094	21.8%
販売費及び一般管理費	2,163,959		2,365,728		201,769	9.3%
営業利益	1,810,391	19.1%	2,474,715	20.9%	664,324	36.7%
営業外収益						
受取利息	4,545		3,661		△884	−19.4%
為替差益	−		43,098		43,098	−
還付加算金	1,161		1,237		76	6.5%
その他	1,004		4,118		3,114	310.2%
営業外収益合計	6,711		52,116		45,405	676.6%
営業外費用						
支払利息	232,784		341,325		108,541	46.6%
資金調達費用	233,831		133,693		△100,138	−42.8%
社債発行費	20,039		−		△20,039	−100.0%
その他	33,195		35,668		2,473	7.4%
営業外費用合計	519,850		510,687		△9,163	−1.8%
経常利益	1,297,251	13.7%	2,016,144	17.0%	718,893	55.4%
特別利益						
流動化債権回収手数料	31,260		−		△31,260	−100.0%
特別利益合計	31,260		−		△31,260	−100.0%
特別損失						
固定資産除却損	5,456		−		△5,456	−100.0%
貸倒引当金繰入額	−		579,500		579,500	−
特別損失合計	5,456		579,500		574,044	10521.3%
税引前当期純利益	1,323,055	13.9%	1,436,644	12.1%	113,589	8.6%
法人税・住民税及び事業税	552,121		942,148		390,027	70.6%
法人税等調整額	△35,670		△35,575		95	−0.3%
法人税等合計	516,450		906,573		390,123	75.5%
当期純利益	806,605	8.5%	530,071	4.5%	△276,534	−34.3%

186

④ キャッシュ・フロー計算書

(単位：千円)

	前期	当期	増減	率
営業活動によるキャッシュ・フロー				
税引前当期純利益	1,323,055	1,436,644	113,589	8.6%
減価償却費	166,618	111,607	△55,011	−33.0%
引当金の増減額（△は減少）	65,701	601,508	535,807	815.5%
受取利息及び受取配当金	△4,545	△3,661	884	−19.4%
支払利息	232,784	341,325	108,541	46.6%
為替差損益（△は益）	14,451	△301	△14,752	−102.1%
固定資産売却損益（△は益）	5,456	−	△5,456	−100.0%
売上債権の増減額（△は増加）	△4,783,417	△4,685,902	97,515	−2.0%
たな卸資産の増減額（△は増加）	△794,547	△744,814	49,733	−6.3%
仕入債務の増減額（△は減少）	108,465	△61,078	△169,543	−156.3%
その他	715,311	236,261	△479,050	−67.0%
小計	△2,950,665	△2,768,411	182,254	−6.2%
利息及び配当金の受取額	4,498	3,463	△1,035	−23.0%
利息の支払額	△221,333	△328,599	△107,266	48.5%
法人税等の支払額	△828,270	△457,109	371,161	−44.8%
営業活動によるキャッシュ・フロー	△3,995,770	△3,550,656	445,114	−11.1%
投資活動によるキャッシュ・フロー				
定期預金の預入による支出	△34,591	△83,859	△49,268	142.4%
有形固定資産の取得による支出	△13,311	△9,583	3,728	−28.0%
貸付けによる支出	△3,793	△4,879	△1,086	28.6%
貸付金の回収による収入	5,107	5,393	286	5.6%
その他	△12,087	1,322	13,409	−110.9%
投資活動によるキャッシュ・フロー	△58,676	△91,606	△32,930	56.1%
財務活動によるキャッシュ・フロー				
短期借入金の純増額（△は減少）	△1,752,000	3,126,000	4,878,000	−278.4%
長期借入れによる収入	3,100,000	1,500,000	△1,600,000	−51.6%
長期借入金の返済による支出	△246,475	△1,411,960	△1,165,485	472.9%
社債の発行による収入	479,960	−	△479,960	−100.0%
社債の償還による支出	△50,000	△100,000	△50,000	100.0%
株式の発行による収入	100,000	1,756,071	1,656,071	1656.1%
その他	−	△1,231	△1,231	−
財務活動によるキャッシュ・フロー	1,631,485	4,868,879	3,237,394	198.4%
現金及び現金同等物に係る換算差額	△20,534	△5,367	15,167	−73.9%
現金及び現金同等物の増減額（△は減少）	△2,443,497	1,221,249	3,664,746	−150.0%
現金及び現金同等物の期首残高	3,769,245	1,325,748	△2,443,497	−64.8%
現金及び現金同等物の期末残高	1,325,748	2,546,997	1,221,249	92.1%

3つの財務諸表の整合性

　X社は上場企業であるため、監査法人・公認会計士の財務諸表監査を受けています。したがって、財務諸表の整合性が確認されていないはずはありませんが、念のため、簡単に3つの財務諸表の整合性を確認しておきましょう。

① 貸借対照表と損益計算書の整合性

　貸借対照表の利益剰余金は、530,071千円増加しています。一方、損益計算書の当期純利益は、530,071千円であり同額です。このことから、X社は当期に剰余金の配当を実施していなことが明らかになるとともに、貸借対照表と損益計算書が利益剰余金に関し整合していることがわかります。

② 貸借対照表とキャッシュ・フロー計算書の整合性

　貸借対照表の現金預金は、1,301,749千円増加しています。一方、キャッシュ・フロー計算書の現金及び現金同等物（キャッシュ）は、当期において1,221,249千円増加しています。

　当期の貸借対照表の現金預金残高は2,661,860千円、キャッシュ・フロー計算書のキャッシュは2,546,997千円ですので、差額が114,863千円あります。これは、預金の中に満期日までの期間が3ヵ月超、かつ期末日の翌日から満期日までの期間が1年以内のものが114,863千円存在することを想像させます（固定資産として計上される長期性預金ではないこともわかります）。

　したがって、この整合性を確認するためには、こうした預金（たとえば、6ヵ月定期預金など）が114,863千円存在することが確認できればよ

いということになります。

　なお、前期の貸借対照表の現金預金残高は1,360,111千円、キャッシュ・フロー計算書のキャッシュは1,325,748千円ですので、差額が34,363千円あります。

③　損益計算書とキャッシュ・フロー計算書の整合性

　損益計算書とキャッシュ・フロー計算書の税引前当期純利益は、1,436,644千円で一致しています。また、受取利息や支払利息も一致していることがわかります。

　減価償却費についても、２つの財務諸表の整合性を確認しておきたいところですが、損益計算書に計上されている減価償却費がいくらであるのかについては、この損益計算書からはわかりません。減価償却費は、販売費及び一般管理費に計上されるだけではなく、メーカーであれば製造原価にも含まれます。さらには、研究開発が行われていれば、販売費及び一般管理費の中の研究開発費に含まれていることもあり、検証が困難であることが多いと思われます。減価償却費については、固定資産の増減明細に記載される減価償却費合計とキャッシュ・フロー計算書の減価償却費の一致を確認してみましょう。

X社の貸借対照表の前期比較

1 貸借対照表を俯瞰する①

　まずは、貸借対照表を俯瞰してみましょう。

　前期比期を行うと、総資産は約63億円増加し、負債は40億円、純資産は23億円それぞれ増加しています。これにより、会社規模が拡大していることがわかります。

　純資産を見ると、資本金と資本剰余金が合計約18億円増加しています。これにより、増資が行われたことがわかります。なお、キャッシュ・フロー計算書の財務活動によるキャッシュ・フローを見ると、「株式の発行による収入　1,756,071千円」とあるため、ここからも増資が行われたことが明らかです。

　また、先ほど見たように、利益剰余金が5億円増加しているため、剰余金の配当が実施されていなければ、当期は利益が発生していることもわかります。

【表1】 貸借対照表の前期比較①

総資産	＋6,281百万円
負債	＋3,952
純資産	＋2,329

② 貸借対照表を俯瞰する②

　貸借対照表を、もう一歩「森から木に」入って俯瞰してみましょう。

　総資産63億円の増加のうち流動資産は約64億円の増加、固定資産は1億円の減少となっています。一方、負債40億円の増加のうち、流動負債は35億円の増加、固定負債は3億円の増加となっています。この点から、総資産や負債が増加しているのは、それぞれ流動項目が増加していることが原因であることがわかります。流動項目ということは、営業活動の結果によることが多いため、営業活動に着目して前期比較してみましょう。

【表2】 貸借対照表の前期比較②

流動資産	＋6,394百万円
固定資産	△113
流動負債	＋3,587
固定負債	＋364

第9章　実際の財務諸表を使ったケーススタディ

3　貸借対照表を俯瞰する③

　貸借対照表を、さらにもう一歩「森から木に」入って俯瞰してみましょう。

　流動資産約64億円の増加の内容をみると、もっとも影響が大きいのは売掛金で約47億円の増加です。続いて現金預金13億円増加、仕掛品7億円増加が主な増加原因といえるでしょう。

　売掛金が増加しているということは、損益計算書において売上高も増加していることが想像できます。損益計算書を読む前に貸借対照表の前期比較から、当期の損益計算書の状況が想像できてしまうことが、貸借対照表を先に読むことの重要性の1つでもあります。

　現金預金の増加原因については、キャッシュ・フロー計算書を読むと正確に把握できます。この点については、キャッシュ・フロー計算書の項目で取り上げます。

　仕掛品が増加しているという点については、X社の生産計画や販売計画によるところですので、一概に良し悪しは判断できません。仕掛品の回転期間分析を行うことによって、過大なものとなるのかどうかについては、のちほど分析してみましょう。

　気になるのは貸倒引当金（流動項目）が5億円発生していることです。売掛金は増加していますが、これに伴って貸倒引当金が増加している点については、その背景を適切に把握しておく必要があります（財務諸表だけではわかりません）。

　流動負債35億円の増加の内容をみると、もっとも影響が大きいのは短期借入金約27億円の増加です。続いて未払法人税等5億円の増加が主な増加

原因といえるでしょう。

　当期 X 社は増資により資金を約18億円調達し、さらに短期借入金が27億円増加している点に着目すると、X 社は非常に資金を必要としていることがわかります。生産設備拡大のための資金でしょうか、それとも何か別の投資のための資金でしょうか。その背景について把握する必要があります。

【表3】貸借対照表の前期比較③

現金預金	＋1,301百万円
売掛金	＋4,684
仕掛品	＋744
貸倒引当金（流動）	△579
短期借入金	＋2,756
未払法人税等	＋498

X社の損益計算書の前期比較

1 損益計算書を俯瞰する①

　X社の損益計算書を俯瞰してみましょう。段階利益ごとにみていきます。

　まず、当期純利益は5億円で、前期に比べ約3億円弱の減少です。

　税引前当期純利益は14億円で、前期に比べ約1億円の増加です。当期純利益で前期比マイナスですが、税引前当期純利益ではプラスになっているのは、法人税等合計の影響です。つまり、法人税等負担率が上昇していることが原因です。なぜ、法人税等負担率が上昇しているのかについて、注意する必要があります。

　当期の経常利益は20億円で、前期に比べ7億円の増加です。税引前当期純利益では前期比で約1億円の増加であったのに対し、経常利益では7億円も増加しているのは、当期に特別損失として、貸倒引当金繰入額が6億円弱発生しているためです。この金額は、貸借対照表の貸倒引当金（流動項目）の増加額と同額です。何か特別な事象の発生により、発生したと思われます。貸借対照表の前期比較でも述べたように、その背景を適切に把握しておく必要があります。

　当期の営業利益は24億円で、前期に比べ6億円の増加です。この増加額

は、経常利益の前期比とほぼ同じであるため、営業外項目について金額的に影響のある事象は、発生していないことが想像できます。

　当期の売上総利益は48億円で、前期に比べ8億円の増加です。営業利益は前期比で6億円の増加であったのに対し、売上総利益が8億円増加しているのは、当期に販売費及び一般管理費が2億円増加しているためです。

　当期の売上高は118億円で、前期に比べ23億円の増加です。貸借対照表の前期比較で売掛金が増加していたことにより、売上高の増加を推測していましたが、その通りであったということです。売上高が増加すれば、通常は売上原価も増加しますので、確認してみると、当期の売上原価70億円で、前期に比べ15億円の増加です。その結果、売上総利益が8億円増加したということですが、その増加割合に異常がないかどうかについては、次の利益率推移でみていくことにします。

【表4】損益計算書の前期比較①

売上高	＋2,359百万円
売上原価	＋1,493
売上総利益	＋866
販売費及び一般管理費	＋201
営業利益	＋664
経常利益	＋718
税引前当期純利益	＋113
当期純利益	△276

損益計算書を俯瞰する②

次にX社の各種利益率を前期比較してみましょう。

売上総利益率、営業利益率については、大きな変動がなく、異常は感じられません。経常利益率については、3.3ポイントほど上昇していますが、資金調達費が1億円減少していることや、当期に為替差益が発生していることなどが原因と考えられます。

各種利益率の前期比較を行って、異常が感じられるポイントは発見されません。ただし、売上総利益率の内容を検討するために、製商品・サービス別の売上高・売上原価・売上総利益率データを入手してみることも大変重要です。

【表5】損益計算書の前期比較②

売上総利益率	41.8%	⇒	40.8%
営業利益率	19.1%	⇒	20.9%
経常利益率	13.7%	⇒	17.0%
税引前当期純利益率	13.9%	⇒	12.1%
当期純利益率	8.5%	⇒	4.5%

X社のキャッシュ・フロー計算書の前期比較

1 キャッシュ・フロー計算書を俯瞰する

　X社のキャッシュ・フロー計算書を俯瞰してみましょう。キャッシュ・フロー計算書は、活動区分に着目して読みますが、その前にキャッシュの増減から見ていきます。

　当期のキャッシュは25億円で、前期に比べ12億円の増加です。当期キャッシュが増加した原因を活動区分ごとに見ていくと、営業活動によるキャッシュ・フロー（営業CF）がマイナス35億円、投資活動によるキャッシュ・フロー（投資CF）がマイナス約1億円、財務活動によるキャッシュ・フロー（財務CF）が48億円ということで、当期キャッシュが増加している原因は、財務CFが多かったことによるものであることがわかります。

　貸借対照表の前期比較でも取り上げたように、当期は増資が実施されており、借入金も増加していることから、貸借対照表とキャッシュ・フロー計算書の整合性が確認できたことになります。

　ここで気になるのは、損益計算書を俯瞰した時には、売上高も増加し、当期純利益も増加している上、各種利益率にも異常が見られない中で、なぜ営業CFがマイナスで、財務活動により資金を調達しなければならな

第9章　実際の財務諸表を使ったケーススタディ

かったのか、という点です。この点にも注意して、前期比較を続けましょう。

【表6】キャッシュ・フロー計算書の前期比較

キャッシュ	＋1,221百万円
営業活動によるキャッシュ・フロー	＋445
投資活動によるキャッシュ・フロー	△32
財務活動によるキャッシュ・フロー	＋3,237

2 営業CFと営業利益

　X社の営業CFはマイナスです。これに対し、損益計算書上の営業利益はプラスとなっています。営業CFには、税金費用に関連する支出も含まれていますので、営業利益も税金費用を考慮した利益に調整します。

	前期	当期
営業利益	1,810,391千円	2,474,715千円
税金費用	516,450千円	906,573千円
税引後営業利益	1,293,941千円	1,568,142千円

　この税引後営業利益と営業CFを比較してみると、次のようになります。

	前期	当期
① 税引後営業利益	1,293,941千円	1,568,142千円
② 営業CF	△3,995,770千円	△3,550,656千円
会計発生高（①－②）	5,289,711千円	5,118,798千円

　会計発生高がプラスになるということは、キャッシュの裏付けのない利益が計上されていることを意味します。これを前期比較すると若干改善は見られますが、依然質の低い利益が計上されていることがわかります。

　税引後営業利益がプラスであるにもかかわらず、営業CFがマイナスである場合には、その背景について十分注意する必要があります。

X社の営業活動の前期比較

1 営業活動を中心とした前期比較

X社の営業に関する勘定科目は、次のとおりです。

●貸借対照表項目

　売掛金、仕掛品、その他流動資産、買掛金、賞与引当金、製品保証引当金、その他流動負債

●損益計算書項目

　売上高、売上原価、販売費及び一般管理費

まずここで、売上総利益までに関連する情報を、次のように整理しておきます。

(単位：千円)

	前　　期	当　　期	前　期　比
売掛金	18,211,895	22,895,952	4,684,057
仕掛品	2,580,948	3,325,763	744,815
買掛金	660,530	599,374	△61,156
売上高	9,496,817	11,855,960	2,359,143
売上原価	5,522,466	7,015,515	1,493,049
売上総利益	3,974,350	4,840,444	866,094
売上総利益率	41.8%	40.8%	△1.0ポイント

大きく見ると、

・売掛金の増加に伴い、売上高も増加している

・売上総利益率に大きな変動はない

ということから、気になる点はありません。しかし、

・買掛金が売上高増加、売上原価増加に反して減少している

という点は若干気になるところです。

こうした点を考慮しつつ、次に棚卸資産（X社の場合、仕掛品しか存在しないため、仕掛品）について、ボックス図を使って分析してみましょう。

② ボックス図を使った仕掛品勘定分析

X社の仕掛品勘定について、ボックス図を使って分析します。

仕掛品

（単位：百万円）

期首残高	2,580	当期製品製造原価 （売上原価）	7,015
当期製造費用	7,760	期末残高	3,325

当期製造費用7,760百万円の内訳（材料費、労務費、経費）データが入手できれば、これを前期と比較することでより詳しい分析を行うことができますが、このケーススタディでは情報がありません。この内訳を分析することで、たとえば材料仕入高は値下げの影響で減少している一方で、生

第9章　実際の財務諸表を使ったケーススタディ

産高増加に伴う労務費増加などがあれば、買掛金の減少理由が明らかとなる可能性があります。

③ 回転期間分析

次に、X社の売掛金、仕掛品、買掛金の回転期間分析を行います。

		前　　　期	当　　　期
①	売上高	9,496,817	11,855,960
②	1ヵ月平均売上高（①÷12ヵ月）	791,401	987,997
③	売上原価	5,522,466	7,015,515
④	1ヵ月平均売上原価（③÷12ヵ月）	460,206	584,626
⑤	売掛金	18,211,895	22,895,952
⑥	仕掛品	2,580,948	3,325,763
⑦	買掛金	660,530	599,374
⑧	売掛金回転期間（⑤÷②）	23.01ヵ月	23.17ヵ月
⑨	仕掛品回転期間（⑥÷④）	5.61ヵ月	5.69ヵ月
⑩	買掛金回転期間（⑦÷④）	1.44ヵ月	1.03ヵ月
⑪	CCC（⑧+⑨-⑩）	27.18ヵ月	27.83ヵ月

各種回転期間の前期比較を行うと、特に大きな変動は見られません。あえて挙げるなら、売掛金回転期間および仕掛品回転期間が若干伸び、買掛金回転期間が若干短くなることで、運転資金の調達期間が長くなっていることです。これはCCC（キャッシュ・コンバージョン・サイクル）を見ることで明らかですが、調達期間が長くなるということは、準備しておくべき資金がその分必要になることを意味するため、資金繰りが若干ですが悪化しているともいえます。しかし、X社においては、数値上僅かな変動

202

にすぎないといえます。

　それ以上に驚くべきは、これらの変動ではなく回転期間そのものです。

　売掛金の回転期間は決済条件にも関連すると述べました。X社において売掛金回転期間は、23ヵ月程度となっています。これは約2年間ということですが、平均して2年後に売掛金が入金されることを意味します。前期比較し、著しい変動がなくても、回転期間自体がビジネス的に見ておかしいのではないか、ということにも気付く必要があります。

④ 販売費及び一般管理費

　X社の営業利益率については、特に著しい変動はありませんでした。もし、販売費及び一般管理費（販管費）の内訳データがあれば、より詳細な前期比較を行うことが可能ですが、ここではデータがないためこれ以上の分析はできません。

　たとえば、製造原価に含まれる労務費と、販管費に含まれる給与等と従業員数のデータ（直接作業人員と間接作業人員がそれぞれ把握できればなお可）を使用し、1人当たり人件費がどのように変化しているかを調べることで、当期の製造原価や販管費に異常がないかどうか確認することができます。

　限られたデータの中で、気になるのは賞与引当金です。賞与引当金は若干ですが前期比1百万円減少しています。売上高、売上原価、販管費が増加している状況下での減少ですので、人員数、人件費の動向が気になるところです。

203

5 税金費用関係（法人税等負担率）

　X社の損益計算書を俯瞰した際に、法人税等負担率が上昇していたことに気づきました。ここで、法人税等負担率を算定してみます。

（単位：千円）

		前　期	当　期	前期比
①	税引前当期純利益	1,323,055	1,436,644	113,589
②	法人税、住民税及び事業税	552,121	942,148	390,027
③	法人税等調整額	（貸方）35,670	（貸方）35,575	95
④	法人税等合計（②＋③　税金費用）	516,450	906,573	390,123
⑤	法人税等負担率（④÷①）	39.0%	63.1%	＋24.1ポイント

　なぜ当期に24.1ポイント法人税等負担率が上昇したのかについては、法定実効税率と法人税等負担率の差異を分析すると、その原因が明らかとなります。

　第5章のⅢでも触れたように、本来、税引前当期純利益に法定実効税率を掛けると税金費用になるはずです。実務上一致しないのは、利益の大小に関係なく発生する均等割や交際費等の永久に損金算入されない項目が存在するためです。これ以外に考えられるのは、計上できない繰延税金資産の存在、つまり繰延税金資産の評価性引当額が増加しているケースです。

　当期において、法人税等負担率が明らかに法定実効税率を上回っているような場合、回収可能性がない繰延税金資産が増加している可能性が考えられます。これを確認するためには、繰延税金資産の回収可能性検討資料を入手する必要があります。

　もし、繰延税金資産の回収可能性検討資料を入手し、評価性引当額が増

加したことによって法人税等負担率が上昇したことが確認できたならば、X社において将来減算一時差異を解消できるほどの課税所得の発生が、将来において見込めなくなっているということになります。

売上高が増加している中、X社で何が起こっているのか、注視しなければなりません。

税金費用関係（法人税、住民税及び事業税）

X社の法人税等について、次のように整理します。

（単位：千円）

	前　　期	当　　期	前期比
未払法人税等	361,741	859,999	498,258
法人税、住民税及び事業税	552,121	942,148	390,027

これについて、ボックス図を使って情報を整理してみましょう。

未払法人税等

（単位：千円）

当期納付額　　　443,890	期首残高　　　361,741
期末残高　　　859,999	法人税、住民税及び事業税　　　942,148

キャッシュ・フロー計算書の営業CFの「法人税等の支払額」は457,109千円ですが、上記のボックス図によると、当期の法人税等の納付額は443,890千円ですので、差額が13,219千円あります。この差は、法人事業税

の付加価値割と資本割である可能性があります。法人事業税の付加価値割と資本割は、課税所得に基づく税金ではないため法人税、住民税及び事業税ではなく、販管費（租税公課）として処理されますが、未払法人税等には含まれるからです。

未払法人税等から法人事業税の外形標準課税部分を除いてボックス図を再計算すると、一致するはずです。

 ## 税金費用関係（法人税等調整額）

X社の税効果会計について、次のように整理します。

（単位：千円）

	前　期	当　期	前期比
繰延税金資産（流動）	119,775	165,481	45,706
繰延税金資産（固定）	27,358	16,062	△11,296
計	147,133	181,543	34,410
法人税等調整額	（貸方）35,670	（貸方）35,575	95

繰延税金資産の前期からの変動分34,410千円が、当期の法人税等調整額と一致するはずです。もし、その他有価証券評価差額金が発生し、当該差額金に関して税効果が生じるとすれば、法人税等調整額に影響を与えない繰延税金資産・繰延税金負債が計上されることになりますが、X社についてはその他有価証券評価差額金が発生していないと考えられるため、一致することになります。

しかし、当期の法人税等調整額は35,575千円であり、差額が1,165千円発生しています。この差が発生している原因は、調査する必要があります。

X社の投資活動の前期比較

1 有形・無形固定資産の前期比較

　ここで、有形固定資産と無形固定資産を次のように整理しておきます。なお、減価償却費については、損益計算書からはわからないため、キャッシュ・フロー計算書から数値をとります。

(単位：千円)

		前　期	当　期	前 期 比
①	有形固定資産	307,858	220,826	△87,032
②	無形固定資産	17,480	13,302	△4,178
③	計（①＋②）	325,338	234,128	△91,210
④	減価償却費	166,618	111,607	△55,011
⑤	償却率（④÷③）	0.512	0.477	△0.035ポイント

　貸借対照表の有形・無形固定資産の内訳に「その他」がありますが、もしこの中に非償却性資産が含まれていたら、上表の「有形固定資産」「無形固定資産」から控除しておきます。

　有形固定資産の償却方法や減価償却費が、勘定科目別にわかっている場合は、分析もより正確に行うことができます。このケーススタディでは、会計方針等の情報もないため、有形・無形固定資産をまとめて1つの償却率で算定し、前期比較を行うことにします。

207

もし、有形固定資産もすべて定額法が採用されているならば、償却性資産の帳簿価額に対する減価償却費の割合（つまり償却率）は、増加するはずです。0.035ポイント低下していますので、定率法が採用されている有形固定資産があるということです。しかし、より正確に償却率を算定するならば、単に期末の帳簿価額を使うのではなく、期首との平均残高を使うべきでしょう。ここでは、前々期のデータがないため、簡便的に期末の帳簿価額で償却率を計算しています。

2 貸付金の前期比較

貸付金が存在することは、キャッシュ・フロー計算書の投資CFから明らかですが、貸借対照表上に貸付金が別掲されていないため、検討ができません。損益計算書には受取利息もあり、この中に貸付金利息も含まれていると考えられますが、その金額も不明です。

Ⅶ X社の財務活動の前期比較

1 借入金・社債の前期比較

X社の借入金について、次のように整理します。

(単位：千円)

		前　　期	当　　期	前　期　比
①	短期借入金	6,859,760	9,616,730	2,756,970
②	長期借入金	2,267,240	2,724,310	457,070
③	計（①＋②）	9,127,000	12,341,040	3,214,040
④	社債	570,000	470,000	△100,000
⑤	合計（③＋④）	9,697,000	12,811,040	3,114,040
⑥	支払利息	232,784	341,325	108,541
⑦	金利（⑥÷⑤）	2.40%	2.66%	＋0.26ポイント

　支払利息も、借入金と社債に区分して把握できればよいのですが、損益計算書だけではわかりません。また、短期と長期で金利が異なるのも一般的です。また、有形・無形固定資産と減価償却費の関係と同様、期末残高に対しての支払利息で金利を計算するのではなく、期首残高との平均残高を使用して金利を計算する方がより適切です。

　しかし、ここではデータが限られていることもあり、ざっくりではありますが、借入金と社債をあわせて、期末残高に対する支払利息ということ

で金利を計算します。

　金利を見て明らかになるのは、大幅な変動が見られないこと、金利自体の当時の相場感に異常が感じられないことです。事前に金利に関する情報が得られているのであれば、これと比較することで異常の有無を確認することができます。

　また、キャッシュ・フロー計算書のデータからは、以下のような増減表が作成できます。気を付けなければならない点は、キャッシュ・フロー計算書の「長期借入金の返済による支出」には、１年以内返済予定の長期借入金の返済による支出が含まれていますが、貸借対照表ではそれが短期借入金として表示されているということです。

　「長期借入金の返済による支出」1,411,960千円のうち、１年以内返済予定の長期借入金の返済による支出は、369,030千円であることが算出できます。

（単位：千円）

	期　首	増　加	減　少	期　末
短期借入金	6,859,760	3,126,000	369,030	9,616,730
長期借入金	2,267,240	1,500,000	1,042,930	2,724,310
社債	570,000	－	100,000	470,000
計	9,127,000	4,626,000	1,411,960	12,341,040

X社の財務諸表を前期比較して明らかになったこと

1 もっとも注意すべき点

　3つの財務諸表の前期比較のみから、どのような注意すべき点が発見されたか、ここで整理してみましょう。

> - 税引後営業利益はプラスだが、営業CFはマイナスとなっている背景は何か。
> - 売掛金回転期間が2年弱となっており、異常に長いのはなぜか。
> - 売上高増加のなか、増資および借入により資金を調達しているのはなぜか。
> - なぜ仕掛品は増加しているのか。
> - なぜ買掛金は減少しているのか。
> - 当期の貸倒引当金（流動項目）579百万円が計上された背景は何か。

　注意すべき点としては、上記のような項目が挙げられるのではないでしょうか。
　ここから導き出されること、それは、売上高、売掛金、仕掛品に問題はないのか、という疑念です。

第9章　実際の財務諸表を使ったケーススタディ

　売上高が増加し売掛金も増加している中、なぜ2年間も回収できないような売掛金が計上されているのか、またそれを増資や借入により資金調達しなければならないのか、ということについて、気にならざるを得ません。そもそもビジネスとして成り立っているのでしょうか。

② より深い前期比較を

　実際、このX社においては、売上高・売掛金の架空計上が行われていました。もちろん、このケーススタディの前期比較のみでは、不正会計が行われたかどうかまでの確信は持てません。しかし、この程度の前期比較のみで、「おかしな数字だな」と違和感を覚えることは十分に可能です。

　大切なことは、前期比較を行うことによって、企業が行う事業活動と会計数値との間に不整合が感じられないかどうか、ということです。その不整合を感じるためには、今回のケーススタディで見たような財務諸表本表だけではなく、注記事項やその他の定量・定性情報などと比較することが必要不可欠です。

　また、前期と当期の2期間比較だけでなく、数ヵ年の比較を行うことができれば、これもまたより深い分析が可能となります。まずは簡単な前期比較からはじめて、より詳細な分析に入っていく。これが「おかしな数字がないかどうか」を知る上で、大変重要な決算書の読み方ではないでしょうか。

著 者 紹 介

山岡 信一郎（やまおか・しんいちろう）

公認会計士

1993 年　慶應義塾大学経済学部卒業

1994 年　監査法人トーマツ（現 有限責任監査法人トーマツ）入所

2007 年　監査法人トーマツ（現 有限責任監査法人トーマツ）退所後、株式会社ヴェリタス・アカウンティングを設立、代表取締役社長に就任。同年、弁護士である父と山岡法律会計事務所を開業、現在に至る。

　著書に、『企業会計における時価決定の実務』（共著）、『「おかしな数字」をパッと見抜く会計術』『判断に迷う仕訳を起こせる会計術』（ともに清文社）があり、「旬刊経理情報」（中央経済社）ほかにおいても執筆実績がある。

株式会社ヴェリタス・アカウンティング

　会計コンサルティング業務、特に内部統制報告制度に関する支援業務や企業会計に関する企業研修を中心に展開。また山岡法律会計事務所とともに、企業法務に関するアドバイザリー業務も実施している。

e-mail : info@veritas-ac.co.jp

見るポイント間違っていませんか!?

決算書の前期比較術

2018年9月5日　発行

著　者　　山岡　信一郎 ©

発行者　　小泉　定裕

発行所　　株式会社 清文社　　東京都千代田区内神田1－6－6（MIFビル）
　　　　　　　　　　　　　　〒101-0047　電話03（6273）7946　FAX03（3518）0299
　　　　　　　　　　　　　　大阪市北区天神橋2丁目北2－6（大和南森町ビル）
　　　　　　　　　　　　　　〒530-0041　電話06（6135）4050　FAX06（6135）4059
　　　　　　　　　　　　　　URL http://www.skattsei.co.jp/

印刷：奥村印刷㈱

■著作権法により無断複写複製は禁止されています。落丁本・乱丁本はお取り替えします。
■本書の内容に関するお問い合わせは編集部までFAX（03-3518-8864）でお願いします。
■本書の追録情報等は、当社ホームページ（http://www.skattsei.co.jp/）をご覧ください。

ISBN978-4-433-66438-1